Song Book Flávio Venturini

Song Book Flávio Venturini

Produzido por Barral Lima

Transcrições: Carlos Laudares e Cláudio Faria

2ª edição

NEUTRA
EDITORA

Belo Horizonte, 2020

Copyright © 2015. Todos os direitos reservados.
É proibida a reprodução total ou parcial, por quaisquer meios, sem a expressa anuência dos autores e da editora.

Idealização e coordenação geral:
Barral Lima

Transcrições:
Carlos Laudares (partituras)
Cláudio Faria (cifras)

Texto de abertura:
Murilo Antunes

Colaboradores:
Márcio Borges e Ronaldo Bastos

Projeto gráfico:
Flávia Mello

Foto da capa:
José Luiz Pederneiras

Foto da contra-capa:
Erickson Brito

Tradução para o inglês:
Ian Babl

Produção executiva:
Rodrigo Brasil

Gestão de projetos:
Tatiana Delucca

Assessoria jurídica:
Geraldo José Barral Lima

Nossos agradecimentos a Fabiane Costa e Trilhos Arte.

Todas as cifras e partituras deste livro foram revisadas e aprovadas pelo próprio autor.

V447s Venturini, Flávio

Songbook Flávio Venturini/ Flávio Venturini; Barral Lima (org); 1ª Edição. Belo Horizonte: Neutra Editora, 2014.

1. Música   2. Obra Completa 3.Cifras

ISBN 978-85-68620-01-4

CDD: 78

CDU: 780

---

www.neutraeditora.com

Índice

INTRODUÇÃO:

Página de um livro bom 07

MÚSICAS:

Alice 24

Alma de balada 28

Amor pra sempre 32

Andarilho da luz 36

Anjo bom 40

Aqui no Rio 43

Até outro dia 50

Beija-flor 53

Beijo solar 57

Belo Horizonte 63

Besame 67

Canção de acordar 70

Canção sem fim 74

Caramelo 78

Casa vazia 82

Céu de Santo Amaro 86

Chama no coração 90

Cidade Veloz 94

Clube da esquina nº 2 97

Criaturas da noite 101

De sombra e sol 105

Espanhola 109

Espelho das águas 112

Fantasia barroca 119

Fênix 122

Fotografia de amor 127

Jardim das delícias 131

Linda juventude 135

Lindo 139

Longa espera 141

Luz viva 145

Mais uma vez 149

Mantra da criação 153

Máquina do tempo 156

Música 160

Nascente 164

No cabaret da sereia 166

Noites com sol 170

Noites de junho 174

Nuvens 178

Partituras 181

Pensando em você 185

Pequenas maravilhas 188

Pierrot 192

Planeta sonho 196

Princesa 201

Qualquer coisa a ver com o paraíso 204

Quando você chegou 208

Retiro da pedra 212

Retratos 215

Romance 218

São Tomé 222

Sob o sol do Rio 224

Sol interior 227

Solidão 230

Sonho de valsa 233

Tarde solar 236

Todo azul do mar 240

Trator 244

Um violeiro 248

Página de um livro bom

Flavio Venturini no Grupo Escolar Olegário Maciel (BH).
Foto: acervo pessoal.

Muitas vezes as canções nos fazem tirar os pés do chão, nos fazem cruzar o espaço aéreo a engendrar sonhos e a perder a noção de tempo. Música pode ser o combustível de alta octanagem que nos tira do cotidiano e acelera nossa imaginação. Assim percebo a música de Flávio Venturini. Muito ouvi as pessoas fazerem considerações amorosas sobre as composições e o canto deste mineiro de Belo Horizonte. Uns, enxergando talvez apenas uma face criativa de Flávio, chamaram sua música de celestial, notas e voz provenientes do céu, enredadas entre estrelas. Outros, vislumbrando a face ácida e ritmada do pop, o veem como um legítimo e apaixonado roqueiro, egresso de O Terço e do 14 Bis, grupos que formaram a gênese musical de Flávio. Tanto uma como outra visão, cabem muito bem para ilustrar este artista singular da boa música brasileira. Cabe também acrescentar uma terceira face do compositor, autor de belas e eficazes trilhas sonoras para vários filmes brasileiros. Mas antes de entrarmos neste universo venturoso, vamos passear um pouco pelas origens mineiras deste compositor intuitivo que caiu nas graças de públicos diversos e abraçou a harmonia como sua bagagem essencial para cumprir seu destino de *chansonier* brasileiro.

NOSSA LINDA JUVENTUDE

23 de julho de 1949. O mundo tentava se reconstruir dos estragos da segunda guerra. Flávio Venturini nascia para os acordes da paz. O cenário era uma antiga pensão belorizontina administrada por sua mãe, Dona Dalila. Foi aí que Flávio começou a se envolver com a música. Ele conta que um dos hóspedes da pensão era maestro, tinha um piano no quarto e, à sua porta, Flávio se debruçava para ouvir e voar nas notas das partituras clássicas. Ali, muitas vezes ele dormia embalado pela *Polonaise* de Chopin e outros. Valsas e modinhas Dona Dalila cantava nas tardes da pensão belorizontina enquanto fazia suas tarefas domésticas. A mãe carinhosa lhe deu um acordeon, seu primeiro instrumento. O pai, seu Hugo, dono de restaurante, deixava o menino assentar-se ao piano e brincarolar. No rádio e na radiola, ele ouvia boleros, sambas-canções, trilhas de cinema, músicas italianas e uma referência muito especial: Luiz Gonzaga, o Rei do Baião. O pai o levava para assistir jogos do América Futebol Clube, time do seu coração. Para o Estádio Independência ia com aquele rádio imenso, um trambolhão, para não se afastar das canções. Segundo ele próprio, a música *Tonight*, do filme *West Side Story*, interpretada por Johnny Mathis, foi o primeiro grande impacto emocional pela música. E pelas ondas do rádio veio a revolução mundial que seria uma inspiração permanente para aquele moço das montanhas que começara a dedilhar o violão, o acordeon e o piano: The Beatles. As primeiras melodias de Flávio surgiram em cima de letras dos Beatles publicadas em revistas semanais. E tinha razão de ser assim: as revistas saíam antes dos discos chegarem de Londres. A ansiedade era tanta que ele ia compondo, sem saber como eram as melodias originais. Dali a participar de grupos que iriam tocar na noite e alegrar as tardes juvenis foi um pulo. The Shines e Os Turbulentos foi o começo real de Flávio. Assim ele viveu a infância e a adolescência, sem imaginar que suas criações futuras iriam marcar os corações de muita gente.

Aos dezoito anos, ao servir o exército, conheceu seu primeiro e importante companheiro de canções e arranjos, José Geraldo, o Vermelho, um dos

Flávio Venturini no grupo musical "Os Turbulentos".
Foto: acervo pessoal.

fundadores do 14 BIS, com quem compôs as primeiras canções. Vermelho trouxe de Barbacena, no interior mineiro, as músicas eruditas do colégio de padres alemães onde estudava. E jogou Wagner, Mozart, Bach e Beethoven no liquidificador sonoro de Venturini.

1969: UM ANO MÁGICO PARA A NOSSA MÚSICA

No Brasil, a ditadura considerava os brasileiros como bichos e os jogava no curral da censura e da tortura. Enquanto fazíamos escaramuças nas ruas, organizando passeatas, protegendo perseguidos e denunciando atrocidades, aconteceu em Belo Horizonte, o Festival Estudantil da Canção-FEC, de caráter nacional, que não foi um festival qualquer. Primeiro, porque foi lá que conheci Flávio Venturini, meu parceiro de sempre. Depois, porque foi lá que brotaram artistas que viriam a construir um dos movimentos mais importantes da nossa música. Entre os concorrentes, os iniciantes e desconhecidos Tavinho Moura, Toninho Horta, Túlio Mourão, Márcio Borges, Sirlan, Beto Guedes e Lô Borges: o embrião do Clube da Esquina. De Minas, já se falava de Milton Nascimento, nosso Bituca, depois do estrondoso sucesso de *Travessia*, dele e de Fernando Brant, transmitido pela tv para todo o Brasil, mas os outros ninguém ainda conhecia. Com tanta gente boa reunida, ficou fácil casar as afinidades. Conheci Flávio ali e passamos a conviver com aqueles que seriam nossos companheiros musicais que fariam acontecer a comunhão de talentos que até hoje faz tão bem à MPB. Dois jovens cabeludos foram os que mais chamaram a atenção de Flávio. Beto e Lô apresentaram *Equatorial*, primeira parceria dos dois, com letra de Márcio Borges.

> Vou dizer o que sei
> Lugar sem lei
> Que me incendeia...
> Pelo dia equatorial
> Eu vou sair outra vez
> Onde morre a trilha do meu silêncio
> Vou te buscar

Em outro festival de BH, o Festival Universitário, Flávio participou, mas o que marcou foram os intérpretes escolhidos pela organização para cantar sua música: O Terço. Pouco tempo depois, seria o grupo que o acolheria como *band leader*. Mas esta história eu conto adiante.

TARDES DE FUTEBOL E BEATLES

A amizade entre todos nós começava a crescer e o fermento da música era muito bom. Tardes de futebol e Beatles na casa de Toninho Horta. Yes, Gênesis, Crosby, Stills, Nash & Young, The Who, Jimmi Hendrix, Janis Joplin, Joe Cocker, Simon & Garfunkel, Emerson Lake & Palmer. A chapa era quente. E nos uniu para sempre.

Outros dias intermináveis e inesquecíveis na garagem da pensão de Dona Dalila, na avenida Pasteur de BH. Fazíamos o que toda juventude fazia: fumar, beber, cantar. O grande prazer era mostrar aos amigos as primeiras canções de cada um. Lô já preparava as gravações do Clube da Esquina com Milton. Beto já tinha parcerias com Marcinho. Eu já havia escrito minhas primeiras letras com Sirlan e Flávio. Era hora da gente partir para o mundo. E o mundo era logo ali. No Rio de Janeiro.

VIVA ZAPÁTRIA: NO ESTÚDIO PELA PRIMEIRA VEZ

Rio de Janeiro, 1972. *Viva Zapátria* era a parceria minha com Sirlan que nos levou para o Festival Internacional da Canção. Convidamos Flávio para tocar seu Hammond e Beto Guedes para o baixo elétrico. Ficamos no mesmo hotel em que estava um grupo que todos nós admirávamos, Os Mutantes. Entre os dias de ensaio e a apresentação televisiva, foram dias que mudaram nossas vidas. Além dos Mutantes, conhecemos Astor Piazzolla, Belchior, Fagner, Hermeto Paschoal, Sergio Sampaio, Raul Seixas, Walter Franco, David Clayton Thomas, Blood, Sweat & Tears, Jorge Ben, Paulo César Pinheiro, Nara Leão, Baden Powell. Enfim, a fina flor da nossa música popular. Todos já estavam contaminados pelo CLUBE DA ESQUINA, álbum lançado um ano antes. A originalidade de Milton e a precocidade de Lô abismavam a todos. O avanço poético de Márcio Borges, Fernando Brant e Ronaldo Bastos nos chamava a atenção para a importância verbal das canções. Era um novo mundo que se abria e a gente estava dentro dele.

Flávio ingressava no meio musical pela porta da frente, tocando com Beto, Sirlan e orquestra, com arranjo de César Camargo Mariano. Foi de chorar por tanta beleza. Após o festival, Flávio entrou no estúdio pela primeira vez para gravar *Viva Zapátria*. O seu entusiasmo e alegria eram tão grandes que, mal chegou em BH, compôs a melodia daquela que é nossa parceria mais tocada e reverenciada até hoje, *Nascente*.

O PRIMEIRO CACHÊ A GENTE NUNCA ESQUECE

Mas ainda no Rio, Flávio foi convidado por Sirlan para assistir a gravação do primeiro disco de Lô Borges, o disco do tênis. Despojado como é, Lô recebeu muito bem a Flávio e Vermelho e os convidou imediatamente para gravar, na hora. Imediatamente formou-se uma cumplicidade musical onde Beto tocava bateria, Toninho tocava baixo, Sirlan na percussão e bateria e Flávio no piano, cravo e orgão. Foi o primeiro cachê de Flávio e, como ele mesmo diz, foi um ótimo cachê, já que ele havia participado de seis faixas no disco. Ou seja: foi buscar maçã e saiu com o pomar inteiro.

NASCENTE E A PÁGINA DO RELÂMPADO ELÉTRICO

Eu ainda não havia feito a letra da nossa **Nascente**. Tentei uma vez, ficou muito ruim, dei um tempo. A essa altura, Flávio estava no Rio, a convite de Beto Guedes, para gravar com ele o magistral e inovador elepê A PÁGINA DO RELÂMPAGO ELÉTRICO. Flávio e Vermelho participaram intensamente no estúdio e Beto, ao ouvir a melodia da futura **Nascente**, quis gravar na hora. Flávio me liga dizendo que a base estava gravada e o Beto iria gravar a voz no dia seguinte. E a letra? Acordei cedo, concentrei, fui na fita cassete para ouvir novamente e ver o que saia. Acho que dei sorte. E o resultado musical é inesperado, com os músicos trocando de instrumentos: Novelli ao piano, Beto na bateria, Toninho no baixo e por aí foi. Ao ouvir a gravação de Beto, Milton a escolheu para o CLUBE DA ESQUINA 2, agora com arranjo de Francis Hime para orquestra e a imponente interpretação de Bituca. Percebo que a admiração entre Flávio e Milton é imensa e ainda há de nos dar muitos frutos.

A banda do CD "A página do relâmpago elétrico (1977).
Foto: acervo pessoal

O TERÇO E AS CRIATURAS DA NOITE

Os habitantes da noite
Passam na minha varanda
São viajantes querendo chegar
Antes dos raios de sol.
Eu te espero chegar
Vendo os bichos sozinhos na noite
Distração de quem quer esquecer
O seu próprio destino.
(Luis Carlos Sá)

Foi Milton Nascimento, com seu vasto dom de aglutinador e seu coração generoso, quem sugeriu Flávio Venturini para tecladista de Sá e Guarabyra. Guarabyra havia pedido a Bituca uma indicação de pianista mineiro, já de olho nas harmonias vindas das Gerais e, surpresa, O Terço, que já tinha uma história com Flávio era a banda acompanhante do disco, daí não deu outra: Flávio fez alguns shows com a dupla e se integrou de vez ao grupo progressivo que ganhou destaque no país inteiro e vendeu muitos e muitos discos. **Sentinela do Abismo, Flor de la Noche, Criaturas da Noite, Casa Encantada, Cabala, Hey Amigo, O Voo da Fênix, Foi Quando Eu Vi Aquela Lua Passar, Blues do Adeus, Pássaro**. São muitos os sucessos desse grupo que mudou o panorama pop brasileiro. E começou a mostrar a destreza e o talento do compositor e cantor Flávio Venturini. Foi com eles que Flávio começou a se destacar na música brasileira. O rock progressivo do Terço acalentava as criaturas da noite. Fez escola e deu a Flávio amigos eternos, entre eles, Sérgio Magrão, o baixista do futuro 14 BIS. Enquanto estava no Terço, Flávio conheceu o parceiro que lhe daria letras para várias músicas que viraram hits: Ronaldo Bastos.

O Terço: Sérgio Hinds, Flávio Venturini e Sérgio Magrão (2005).
Foto: Divulgação.

14 BIS: O PLANETA SONHO E O FOGO SOLTO NO CAOS

O planeta calma será Terra
O planeta sonho será Terra
E lá no fim daquele mar
A minha estrela vai se apagar
Como brilhou
Fogo solto no caos...
(Marcio Borges)

O ouro, o barroco, a música sacra, as modinhas, as montanhas. Tudo faz parte do universo Venturini. Tudo é bagagem nesta grande viagem que se iniciaria no porto infinito do seu **Planeta Sonho**.

14 BIS - 1º disco (1979).
Foto: Cristiano Quintino.

Flávio deixou O Terço quando o grupo estava no auge. Sem brigas, sem desavenças, apenas corria atrás do sonho de fazer uma banda própria. Ele sentia que sua música precisava galgar novos degraus. Encontrou-se de novo com Vermelho e chamaram Hely, Sergio Magrão e o irmão querido e guitarrista espetacular Cláudio Venturini. Nascia o 14 BIS. O ano era 1979 e o primeiro disco foi gravado com algumas raridades. A prestigiadíssima e inspirada balada **Canção da América**, do Milton e Fernando Brant, foi gravada a primeira vez por eles.

Tenho o prazer e a honra de participar de todos os discos feitos pelo grupo até hoje. Desde o primeiro, em que fiz a letra de **Sonho de Valsa**, com o lindíssimo arranjo de Rogério Duprat.

O segundo disco veio no ano seguinte e trazia vários sucessos. Entre eles, **Bola de meia, Bola de Gude**, **Caçador de Mim** e o sideral **Planeta Sonho**. Em 81 lançaram **Espelho das Águas**, com a emblemática **Bailes da Vida**, de Milton e Fernando Brant, e sete composições do Venturini. A produção intensa continua em 82, com ALÉM PARAÍSO, onde aparece outro hit, **Linda Juventude**, de Flávio e Márcio Borges.

> Zabelê zumbi besouro
> Vespa fabricando mel
> Guarda teu tesouro
> Jóia marrom
> Raça como nossa cor
> Nossa linda juventude
> Página de um livro bom...
> (Marcio Borges)

Eu comparecia com duas parcerias minhas com Flávio e Vermelho, **Passeio pelo Interior** e **Uma Velha Canção Rock'n Roll**. "Para ir além de todos astrais, ir além do trem dos animais", o 14 BIS partiu para a IDADE DA LUZ, registro de 1983, onde surge **Todo Azul do Mar**, envolvente parceria de Flávio com seu inspirado parceiro de tantas canções, Ronaldo Bastos. Outras seis melodias Venturinianas compõem o bom disco em que compareço com **Ilha do Mel** e uma das minhas prediletíssimas, **Pequenas Maravilhas**.

> Se era uma vez
> Castelos de papel
> Gnomos e cristais
> Motivos de canções
> Decerto são pequenas maravilhas...
> Cigarras e flores, contos de fadas
> Não há um bem maior
> Que a pequena criança.
> (Murilo Antunes)

No disco de 85, A NAVE VAI, Flávio traz para o 14 Bis os parceiros Ronaldo Santos, Chacal e Luis Carlos Sá. E Ronaldo Bastos comparece com a belíssima **Nuvens**.

Flávio sairia do grupo em 88, mas antes fizeram o disco SETE, e ele presenteou o 14 Bis com uma parceria com Renato Russo, **Mais uma vez,** muito tocada até hoje. No ano seguinte, Flávio ainda participa do 14 BIS AO VIVO e segue sua estrada.

> Mas é claro que o sol
> Vai voltar amanhã, eu sei
> Escuridão já vi pior
> De endoidecer gente sã...
> (Renato Russo)

A carreira solo de Flávio é construída simultaneamente com o 14 Bis. Nas brechas de shows e lançamentos do grupo, ele foi compondo e gravando seus discos. E o primeiro deles, NASCENTE, já demarca um território de qualidade e invenções instrumentais. Depois, vieram outros 14 discos de uma carreira rica de estilos e totalmente diferente do apresentado no grupo. Vida nova, tudo novo.

NASCENTE, O ANDARILHO, CIDADE VELOZ: A PRIMEIRA FASE SOLO

O ano é 1982. No disco NASCENTE, Flávio coloca as tendências musicais que iria seguir dali pra frente. Baladas românticas e músicas instrumentais com pitadas rockn'roll formam a maioria das faixas. Três músicos formam a base que o acompanharia em vários discos da carreira: Paulinho Carvalho no contrabaixo, Esdras Nenem na bateria e o seu irmão, Cláudio Venturini. Junto a eles, o requinte do violino elétrico de Marcos Vianna. O resultado sonoro é inovador, com destaque para as três instrumentais: **Qualquer Coisa a Ver com o Paraíso**, uma linda parceria com Milton Nascimento, **Jardim das Delícias** e **Fantasia Barroca**. Neste disco foram lançadas algumas canções preferidas do público: **Espanhola**, com Luis Carlos Sá, **Princesa**, com Ronaldo Bastos, **Pensando em você**, com Kimura Schettino e, claro, o nome do disco, **Nascente**.

Dois anos depois, Flávio engatilha o disco seguinte, O ANDARILHO. Ele havia chegado de Machu Pichu, no Peru, e mostrou a mim e ao Marcinho a música que fez por lá e inspirou o título do disco, **Andarilho de Luz**. **São Tomé** e **Trilhas** são as representantes instrumentais. Participei com seis letras, entre elas, uma das mais queridas, **Solidão**. Eu estava dentro do estúdio, junto com Flávio e Toninho Horta, que tocaram lindamente para Nana Caymmi mostrar sua força na voz que, com certeza, é uma das mais belas do mundo musical.

Caramelo soa como um sopro inovador, com sequências eletrônicas e samplers bem utilizados. Outro destaque é **Emannuel**, uma música do francês Michel Colombier, já falecido, que não tinha letra, mas eu era apaixonado com ela. Persegui esta letra durante longos oito anos e nunca

Flávio Venturini e Renato Russo.
Foto: acervo pessoal.

achava que estava à altura da melodia. Até que um belo dia, em apenas uma hora, eu a resolvi. Quis dar de presente para o Flávio, desde que ele topasse cantar junto com o nosso Bituca. Dito e feito.

Eu não tenho asas pra voar
Nem sonho nada que não seja de sonhar
Sou um homem simples que nasceu
Das entranhas de um ato de amor
Seria primavera feliz
Se a voz dos homens entoasse a paz
Se o dom dos homens fosse a arte de amar
Se a luz dos homens fosse Emannuel.

CIDADE VELOZ. Neste disco fui premiado novamente com a gravação de seis parcerias. Entre elas, uma música que tem me dado muitas alegrias: **Besame**. Um misto de bolero e tango modernizado, que ficou conhecida pela gravação de Leila Pinheiro e outra de Jane Duboc, que fez parte da trilha da novela "Vale Tudo". Recentemente realizei o sonho de gravar um dvd com minhas parcerias em novas interpretações e arranjos. Tanto eu como Flávio tivemos a felicidade de ver/ouvir João Bosco cantando **Besame** em arranjo próprio, só ele e violão, numa gravação de abismar de bom. CIDADE VELOZ tem uma cara um pouco diferente, talvez por ter sido ensaiado e composto em São Paulo, onde passamos dias alegres e concentrados. A música-título começou a ser feita dentro do metrô.

Flávio Venturini e Torquato Mariano mixando "Noites com Sol".
Foto: acervo pessoal.

NOITES COM SOL E BEIJA-FLOR: TORCUATO MARIANO PRODUZ NOVOS SUCESSOS

A curiosidade de NOITES COM SOL é que foi provocada por um demo, que ficou tão bem feito que o produtor Mariozinho Rocha lançou em novela o próprio demo. A música estourou, com a bela letra de Ronaldo Bastos. Além de Ronaldo, o disco apresenta várias faixas com o novo parceiro de Flávio, Alexandre Blasifera. É o disco que traz a ótima gravação de **Clube da Esquina nº 2**, um clássico da MPB, de Milton, Lô e Márcio Borges. Percebe-se claramente o estilo moderno do produtor Torcuato Mariano, com quem Flávio faria vários outros trabalhos.

O fértil compositor não parava. Dois anos depois, surge BEIJA-FLOR, com uma novidade, Flávio letrista em duas canções. Outros destaques são **Para Lennon & McCartney** e a música-título, além da presença envolvente do acordeon de Dominguinhos em **Fim de Jogo**, parceria comigo. Outra novidade foi a música da Frente de Libertação de Moçambique, que o Flávio sugeriu para eu fazer a versão: **A Tiku Lellila**.

Voltamos a 1987. Neste ano dois craques se juntaram para fazer um disco ao vivo. Flávio Venturini e Toninho Horta gravaram no Circo Voador um trabalho antológico. É uma seleção de apenas nove faixas, mas satisfaz plenamente, pelos arranjos, pelas interpretações e performances musicais. Entre tantas faixas geniais, destaco **Vento de Maio**, de Telo e Márcio Borges.

A HOMENAGEM AO CLUBE DA ESQUINA: O TREM AZUL

Flávio Venturini e Milton Nascimento.
Foto: acervo pessoal.

Apesar de não ter sido prestigiado pela gravadora, O TREM AZUL (1998) foi muito bem feito e tem uma seleção de clássicos do Clube. **Paisagem na Janela**, **Amor de Índio**, **Manuel, o Audaz**, **Sol de Primavera**, **Cais**, **Travessia**, ganharam roupa nova. É um disco onde a linguagem pop predomina.

50 ANOS COMEMORADOS NO CAPRICHO: LINDA JUVENTUDE

1999. Em um show ao vivo, no Riocentro, Flávio comemorou seu cinquentenário convidando vários expoentes da nossa canção: Lô Borges, Beto Guedes, Leila Pinheiro, Paulinho Moska, Zé Renato, Paulo Ricardo. No dvd, a emoção predomina. E como é bom ouvir Flavio e Guinga cantando **Nascente**.

PORQUE NÃO TÍNHAMOS BICICLETA: CRISE NO MERCADO, MAS CINCO FAIXAS EM NOVELAS

Este disco é de 2003, quando o mercado fonográfico já dava sinais de fadiga, sendo atropelado pelas novas mídias e as vendas caindo vertiginosamente. Mesmo assim, Flávio estava nas trilhas de cinco novelas da época. O disco tem frescor, vitalidade, novidades. A primeira e única parceria de Flávio com Fernando Brant, **Trator**; parcerias com Milton Nascimento, Torcuato Mariano, Luis Carlos Sá, Mauricio Gaetani, Alexandre Blasifera. Músicas inéditas de Cláudio Faria e Aggeu Marques. Mas a música que mais chamou a atenção foi **Céu de Santo Amaro**, de Johan Sebastian Bach. Flávio teve a feliz ideia de letrar o Adagio da Cantata BWV 156 e canta com Caetano Veloso, já que ela foi inspirada e feita em Santo Amaro da Purificação, terra de Caetano. A letra faz um casamento perfeito com a peça clássica de Bach. Ainda me recordo da noite de verão em que Flávio me ligou para cantar a letra por telefone. Lágrimas daqui e de lá.

A VOLTA PARA BELO HORIZONTE E A CANÇÃO SEM FIM

Logo que chegou a BH de volta, Flávio foi morar em um condomínio residencial afastado da cidade chamado Retiro das Pedras. Isso já bastou para que a gente fizesse a primeira da nova safra, **Retiro da Pedra**, que faz parte do CANÇÃO SEM FIM, disco que traz Jorge Vercillo de parceiro, com **Fênix**, uma nova letra de Flavio, **Flores de Abril**, uma homenagem que fizemos à capital mineira, gravada com belo arranjo de orquestra. De Thomas Roth, autor paulista, tem a bela **Quanto Mais Teus Olhos Calam**. **Canção Sem Fim** traz um arranjo jovial para a ótima letra de Márcio Borges.

NÃO SE APAGUE ESTA NOITE: CD E DVD PARA SE GUARDAR

BH sempre deu bons frutos a Flávio. Neste CD e DVD, ele mostrou sua versatilidade e talento. Gravado no Museu de Arte da Pampulha, na casa charmosa de Flávio e uma música em Paris, o trabalho conta com participações de Milton Nascimento, Andre Mehmari, Toninho Horta, Marina Machado, Mart'nália, Nando Lauria, Cláudio Venturini, Kadu Vianna e Luiza Possi. A direção artística é de Ronaldo Bastos.

2013: VENTURINI, A MATURIDADE DO SOM

Este é o trabalho mais recente de Flávio e traz arranjos de Keko Brandão e Torcuato Mariano. No repertório, 11 canções inéditas, além das regravações de **Todo azul do Mar** e **Leãozinho**, de Caetano Veloso e **Hino ao amor** de Edit Piaf. Belas harmonias, ritmos variados, o disco traz rock, baladas, bossa e, sobretudo, sentimento. Ivan Lins participa em **Tarde Solar**; Vander Lee fez com Flávio um samba-reggae e o disco inteiro traz um sabor novo para o universo pop. Puxando a brasa para minha sardinha, tenho duas participações que muito me alegram: **Enquanto Você Não Vem**, parceria com Andre Mehmari e **Fotografia de um Amor**, originalmente composta para o filme "As Mães de Chico Xavier", de Glauber Filho e Halder Gomes.

PRÓLOGO INCOMPLETO

Nada do que eu escrevesse aqui daria a abrangência, a exatidão e a beleza do amplo e magnífico talento deste cantor, compositor, instrumentista e multifacetado artista chamado Flávio Venturini.

Murilo Antunes

Ronaldo Bastos e Flávio Venturini.
Foto: Ipojucan Ludwig.

"Flávio Venturini é um presente que eu recebi de Beto Guedes. Nos conhecemos durante a preparação do álbum "A Pagina do Relâmpago Elétrico" a caminho de um sítio onde fomos para conviver e ensaiar. Nenhum de nós tinha carro. Descemos do ônibus debaixo de um toró e caminhamos um bocado deslizando na lama. Era assim.

De lá para cá, fizemos muitas canções e nos tornamos amigos inseparáveis. O orgulho que tenho de ser parceiro de um dos maiores artistas brasileiros contemporâneos só se compara ao privilégio de andar com ele pelas estradas da vida."

Ronaldo Bastos

Sentinelas de um abismo chamado tempo

Márcio Borges, Flávio Venturini e Lô Borges.
Foto: acervo pessoal.

Flávio, Flavinho, Faraó, Minos, Parceiro, Amigo, Querido. Irmão. Desses nomes chamei e chamo Flávio Venturini pela vida afora, desde que o conheci ainda adolescente, roqueiro de garagem frequentado por meu irmão mais novo Lô, da idade dele. Ele era o Flávio. Tempos em que o Murilo vinha recém-chegado na "capital das Alterosas" e ainda não tinha semeado paixão, terra e latinidade nas canções do nosso parceiro. Ainda não tinha feito jorrar sua nascente. Naquela época, eu também não tinha nenhuma música com ele. A primeira que fizemos em parceira foi "Sentinela do Abismo", gravada pelo "O Terço", nos idos tempos em que os bichos cabeludos falavam, cantavam e faziam a revolução da paz e do amor. Nos encontros da esquina, eu já completamente fã do rapaz, por seu talento, sua voz de cristal, sua gentileza e suavidade, crescente intimidade, ele passou a ser o Flavinho. Foi quando vi nascer sob minhas ralas barbas o fabuloso grupo 14 Bis. Aí, como se diz por aqui, "lavamos a égua". Nossas músicas foram surgindo prodigamente, com a presença e co-autoria do grande Zé Geraldo, o Vermelho (do meu coração). "Planeta Sonho" virou sucesso nacional. A gente se mudou pro Rio. Ficamos vizinhos no Jardim Botânico. Alí vivemos longas noites de criatividade e alegria, muitas manhãs ressaqueadas e enxaquecosas. Isso mais arroz integral, bardana e missô. Nasceram assim "Linda Juventude", "Canção Sem Fim", "Casa Vazia" e muitas outras. O genial ator Kimura Schettino, criado como irmão na família dos Venturini, apareceu também na minha vida e até repartiu o mesmo teto comigo e minha famíliia, nuns tempos completamente ripongas que passamos num casarão em Santa Tereza, no Rio. Com o dramaturgo Eid Ribeiro, fizemos no porão o Teatro Dinossauro, que chegou a ser frequentado por atores paulistas, por Zé Celso e Ney Matogrosso. Coisa fina. Apelidei o Kimura de Minotauro, por sua conformação física, mas o tiro saiu pela culatra. Flavinho reverteu o apelido para mim e eu virei o minotauro, depois abreviado para Minos. E até hoje eu e Flávio nos cumprimentamos assim "Oi, Minos." "Tudo bem, Minos?". Faraó foi apelido dado acho que por Beto Guedes; de qualquer forma, por algum amigo que reparou no jovem Flávio o perfil de Amenófis ou Tutancâmon. Agora sério. Sabem porque escrevo essas coisas amenas? Porque não tenho palavras para descrever a música de Flávio Venturini. Não há como explicar ou narrar a complexidade dos sentimentos estéticos e afetivos que transbordam em suas criações e envolvem todo aquele que o escuta com atenção e coração aberto. Meu Parceiro Querido. Tantas vezes o chamei e chamo assim. Hoje, depois de tantas décadas de amizade e trabalho conjunto, eu olho para trás e repasso nossa história com lágrimas nos olhos, porque tudo ficou tão distante, porque foram os melhores tempos de nossa lindas juventudes, porque foi quando sonhávamos um mundo livre e amoroso, mundo justo e igualitário, mundo feliz e harmonizado, o Planeta Sonho, bem diferente desse planeta selvagem em que se transformou atualmente a nossa (minha e dele) amada Mãe Terra. Acredito que nem mesmo preciso tentar. Música é som, é duração efêmera, vibração da matéria num meio físico, ouça quem ouvir, quem não ouviu, ouvisse. Palavras impressas pesam e ficam imóveis nas páginas. Além disso, podem ter ritmo e colorido, mas não soam. Para dizer o que eu tinha a dizer sobre Flávio Venturini, não poderia escolher palavras senão as que ele pudesse cantar, as quais já lhe dei em prova de meu amor. Viraram nossas canções. Dão testemunho do tanto que somos unidos e irmãos. O bom é que continuamos fazendo isso até hoje. Como recíproca de amor, ele sempre me doa uma música, na sua completa duração. E eu lhe retribuo pondo nela palavras para cantar. Dessa união, nasce a própria eternidade, nasce a canção, nasce a amizade sem fim.

Márcio Borges

The page of a good book

Flávio e seu pai, Hugo Venturini.
Foto: acervo pessoal.

Os irmãos: Flávio e Cláudio Venturini.
Foto: José Luiz Pederneiras.

Many times, songs make us leave our feet, traverse space, create dreams and lose our sense of time. Music can be the high-octane fuel that removes us from the routine and accelerates our imagination. This is how I perceive the music of Flávio Venturini. I have frequently heard people speak in loving admiration of the compositions and singing style of this mineiro from Belo Horizonte. Some, while perhaps only appreciating Flávio's creative side, have characterized his music as being celestial, whose notes and voicings originate from heaven, entangled between the stars. Others, while imagining the acidic, rhythmic face of pop, see him as a legitimate and impassioned rocker, forged within the bands O Terço and 14 Bis, groups that laid down Flávio's musical foundations. Each of these visions serve well to illustrate this unique artist, who's at the forefront of the best that Brazilian music has to offer. A third facet of this composer should also be mentioned - he has written beautiful scores for various Brazilian films. However, before we plunge into this mellifluous universe, let's explore for a moment the roots of this intuitive composer from Minas Gerais, which has become popular amongst various audiences, and who has embraced harmony as his essential resource for achieving his destiny as the Brazilian chansonier.

OUR WONDERFUL YOUTH

July 23, 1949. The world tried to rebuild itself after the destruction of the Second World War. Flávio Venturini was born to play the chords of peace. The scene was an old boarding house in Belo Horizonte that was run by his mother, Mrs. Dalila. This was when Flávio began to become involved with music. He says that one of the guests of the boarding house was a conductor. This conductor had a piano in his room, and Flávio would lean at his door, listening to and being taken aloft by the classical notes that he heard. There, many times he would sleep enveloped in the sound of Chopin's Polonaise and other classical pieces. Add to that the waltzes and popular love songs that Mrs. Dalila sang during the afternoons at the boarding house as she tended to her duties. His caring mother then gave him an accordion, his first instrument. His father, Mr. Hugo, the proprietor of a restaurant, let that boy sit at the piano and play as he wished. On the radio and on the record player, he listened to boleros, samba songs, movie soundtracks, Italian music and another very important musical personality of the time: Luiz Gonzaga, o the King of Baião. His father took him to watch América Football Club matches - his favorite team. He would take his gigantic radio with him to the Independência Stadium, so he'd never be far from the music. According to him the song Tonight, from the film West Side Story, sang by Johnny Mathis, was the first song to make a significant emotional impact on him, musically. It was also the radio waves that brought the worldwide revolution that would be a permanent inspiration for that young man from the mountains that had just begun to play the guitar, the accordion and the piano: The Beatles. Flávio's first melodies were played over Beatles lyrics that were published in weekly magazines. And he was right to do so: the magazines came out before the records could arrive from London. He would become so anxious that he would simply start composing before even knowing what the original melodies would be like. From there, to begin playing at night with other musicians and entertain his peers during the afternoon was an easy transition. Playing with bands such as "The Shines" and "Os Turbulentos" represented Flávio's real start. As such, he lived his childhood and adolescence without imagining that his future creations would move the hearts of many people.

When he was eighteen years old, while serving the army, Flávio met his first and most important partner in terms of composing and arrangement, José Geraldo, known as Vermelho, one of the founding members of 14 BIS, with whom he composed his first songs. Vermelho brought with him from Barbacena, a city in the interior of Minas Gerais, the erudite music that he heard at the school ran by German Priests where he studied. So, he threw in Wagner, Mozart, Bach and Beethoven into Venturini's musical cauldron.

1969: A MAGICAL YEAR FOR OUR MUSIC

In Brazil, the military dictatorship considered Brazilians to be animals, and therefore plunged them into the darkness of censorship and torture. While we promoted skirmishes on the streets, organized demonstrations, protected the persecuted and denounced atrocities, the Festival Estudantil da Canção-FEC (Student Music Festival) was held in Belo Horizonte. This festival was important, because it brought in talent from all over the country. It was significant in the first place because it was there that I met Flávio Venturini, my eternal partner. Second, because artists burgeoned there that would come to constitute one of the most important movements within the history of our music. Among the applicants were the then unknowns Tavinho Moura, Toninho Horta, Túlio Mourão, Márcio Borges, Sirlan, Beto Guedes and Lô Borges: the building blocks of the band Clube da Esquina. People already spoke of Milton Nascimento, known lovingly amongst us as Bituca, who was also from Minas, because of the immense success of **Travessia**, which arose from a collaboration between himself and Fernando Brant. It was televised nationally in Brazil, but no one had heard yet of the new guys. With so many good musicians together, it was easy to match talents amongst one another. That's where I met Flávio, and that's where we met all those musicians that would be our musical companions. The confluence of talents that up to this day has influenced Brazilian Popular Music so positively occurred right there. Two young guys with long hair were the ones that drew Flávio's attention the most. Beto and Lô presented **Equatorial**, their first collaboration, with lyrics composed by Márcio Borges.

I'll say what I know
A place without laws
That sets me ablaze...
In that equatorial day
I'll head out again
Where the trail of my silence dies
I'll come and get you

During another festival in Belo Horizonte, the University Festival, Flávio participated, but what was noteworthy were the musicians that were chosen my the festival's organizers to play his music: O Terço. A short time later, that would be the band that would take him in as their bandleader. That story, however, I'll tell a bit later.

AFTERNOONS OF FOOTBALL AND THE BEATLES

A camaraderie began to burgeon between all of us, and musical creativity amongst flowed freely. Afternoons playing football and The Beatles at Toninho Horta's house. Yes, Genesis, Crosby, Stills, Nash & Young, The Who, Jimmi Hendrix, Janis Joplin, Joe Cocker, Simon & Garfunkel. The brew was bubbling. And brought us together forever. Other endless and unforgettable days happened at Mrs. Dalila's boarding house, on Pasteur avenue, in Belo Horizonte. We did what all young people did: smoke, drink and sing. Our great pleasure was to reveal our first compositions to one another. Lô was already preparing the first recordings of **Clube da Esquina** with Milton Nascimento. Beto was already collaborating with Marcinho. I had already composed my first lyrics with Sirlan and Flávio. It was time for us to go out into the world. And the world was just over there. In Rio de Janeiro.

VIVA ZAPÁTRIA: IN THE STUDIO FOR THE FIRST TIME

Rio de Janeiro, 1972. **Viva Zapátria** was a collaboration that I had with Sirlan that launched us into the Festival Internacional da Canção (International Music Festival). We invited Flávio to play his Hammond and Beto Guedes to play electric bass. We stayed in the same hotel as a band that we all admired deeply, Os Mutantes. Between the days of rehearsing and appearing on television, there were days that changed our lives. In addition to Os Mutantes, we met Astor Piazzolla, Belchior, Fagner, Hermeto Paschoal, Sergio Sampaio, Raul Seixas, Walter Franco, David Clayton Thomas, Blood, Sweat & Tears, Jorge Ben, Paulo César Pinheiro, Nara Leão and Baden Powell. In summary, the creme de la creme of Brazilian Popular Music. Everyone had already been blown away by Clube da Esquina, an album that had been released the year before. The originality of Milton and the precociousness of Lô was staggering. The poetic development of Márcio Borges, Fernando Brant and Ronaldo Bastos made everyone aware of the lyrical significance of these songs. It was a new world that was opening up, and we were right in it.

Flávio entered the music world through the front door, playing with Beto, Sirlan and orchestra, with arrangements by César Camargo Mariano. One wept at such beauty.

*After the festival, Flávio entered the studio for the first time to record **Viva Zapátria**. He was so overwhelmed with happiness and enthusiastic that, barely after getting back to Belo Horizonte, he composed the melody that would become our most played and admired collaboration to this day - **Nascente**.*

ONE NEVER FORGETS HIS FIRST PAID PERFORMANCE

While still in Rio, Sirlan invited Flávio to be present for the recording of Lô Borges's first record, the tenis shoe record. Irreverent as he is, Lô welcomed Flávio and Vermelho with open arms and invited them to record with him, immediately, on the spot.

A musical camaraderie gelled immediately, within which Beto played drums, Toninho played bass, Sirlan played percussion and drums and Flávio played piano, harpsichord and organ. It was the first time Flávio got paid for playing, and, as he said so himself, it was a great opportunity, since he had played on six of the album's tracks. In other words: he went to pick apples and came back with the entire orchard.

NASCENTE AND A PÁGINA DO RELÂMPAGO ELÉTRICO

I still had not written the lyrics for our song Nascente. I tried once, the results were terrible, so I gave it some time. Flávio was in Rio at the time, at Beto Guedes's behest, to record with him the innovative and masterful LP: A PÁGINA DO RELÂMPAGO ELÉTRICO. Flávio and Vermelho participated intensely in the studio, and Beto, when he heard the melody to the work in progress Nascente, wanted to record it immediately. Flávio called me saying that the groundwork for the song had been laid and that Beto would record the voice track on the following day. And what about the Lyrics? I woke up early, concentrated, and went to the tape player to see what I could come up with. I believe I was lucky. Musically speaking, the results were also unexpected. The musicians involved ended up trading instruments: Novelli on piano, Beto on drums, Toninho on bass, and off they went. After hearing Beto's recording, Milton selected it for Clube da Esquina 2, which was being arranged orchestrally by Francis Hime and would receive the imposing interpretative stamp of Bituca. I see that the admiration between Flávio and Milton is immense; the two will yet bear us many a musical gift.

O TERÇO AND AS CRIATURAS DA NOITE

Beto Guedes, Flávio Venturini e Murilo Antunes.
Foto: acervo pessoal.

The night dwellers
Pass by my balcony
They are travelers that want to arrive
Before the rays of the sun.
I await your arrival
Watching the lonely creatures at night
The pastime of someone that wants to forget
His own destiny.
(Luis Carlos Sá)

*It was Milton Nascimento, with his immense heart and gift of bringing people together, which suggested that Flávio Venturini be the keyboard player for Sá e Guarabyra. Guarabyra had asked Bituca to recommend a pianist from Minas Gerais, already thinking of the harmonies that are so characteristic of that region, and, low and behold, the band O Terço, with which Flávio had already played, was the second band on the album, and that was it: Flávio played a few gigs with the duo and became part of the progressive group that became famous throughout the country and sold many albums. **Sentinela do Abismo**, **Flor de la Noche**, **Criaturas da Noite**, **Casa Encantada, Cabala, Hey Amigo**, **O Voo da Fênix**, **Foi Quando Eu Vi Aquela Lua Passar**, **Blues do Adeus**, **Pássaro**. The were many a hit song, and the group changed the game in Brazilian pop music. The band also began to show the musicianship and talent of the singer/songwriter Flávio Venturini. It was with this group that Flávio began to be noticed in Brazilian music. The progressive rock of O Terço calmed the creatures of the night. It was where Flávio trained himself and made eternal friends, among them, Sergio Magrão, the future 14 BIS bassist. While he was with O Terço, Flávio met the person that would provide the lyrics to many of his hit songs: Ronaldo Bastos.*

Flávio Venturini, Lô Borges e Beto Guedes.
Foto: acervo pessoal.

14 BIS: THE DREAM PLANET AND THE FLAME SET LOOSE IN THE CHAOS

> The calm planet will be Earth
> The dream planet will be Earth
> And where that ocean ends
> My star will wane
> How it shone
> Fire set loose in the chaos...
> *(Márcio Borges)*

*The gold, the baroque, sacred music, love songs, the mountains. All of these were part of the Venturini universe. All of it is baggage in this grand voyage that began at the infinite port of his **Planeta Sonho** (Dream Planet).*

*Flávio left O Terço when the group was at its pinnacle. No quarrels, no misunderstandings; he simply wanted to achieve the dream of having his own band. He felt that his music needed to reach new heights. He got together with Vermelho once again and invited Hely, Sergio Magrão and his beloved brother and very talented guitarist, Cláudio Venturini. 14 BIS was born. The year was 1979 and the first album was recorded with some rarities. The widely renowned and inspired ballad, **Canção da América**, written by Milton and Fernando Brant, was recorded by them for the first time.*

*I had the pleasure and honor to have participated in each of the records that were produced by the band to this day. Starting from the first album, for which I wrote the lyrics to **Sonho de Valsa**, which was so beautifully arranged by Rogério Duprat.*

*The second record was released a year later, and many of its tracks were very successful. Among them, **Bola de Meia, Bola de Gude**, **Caçador de Mim** and the sidereal **Planeta Sonho**. In 1981, they released ESPELHO DAS ÁGUAS, for which Milton and Fernando Brant composed the emblematic **Bailes da Vida**; the album also included seven of Venturini's compositions. This intense level of production continued in 1982 with the release of ALÉM PARAÍSO, which contained another hit, **Linda Juventude**, composed my Flávio and Márcio Borges.*

> Zabelê zumbi besouro
> A wasp producing honey
> Save your treasure
> Brown jewel
> Breed of our color
> Our wonderful youth
> The page of a good book...
> *Márcio Borges*

*And two collaborations of mine with Flávio and Vermelho: **Passeio pelo Interior** and Uma Velha **Canção Rock'n Roll**. "To go beyond every star, to go beyond where the animals are", 14 BIS now arrived at IDADE DA LUZ, produced in 1983, from which **Todo Azul do Mar** became popular. This was an engaging composition that arose from the collaboration between Flávio and his ever-present partner of so many inspired songs, Ronaldo Bastos. Another six Venturini melodies round out this quality album, in which I contributed to **Ilha do Mel** and one of my all-time favorites, **Pequenas Maravilhas**.*

Flávio Venturini, Murilo Antunes, Toninho Horta e Manuel.
Foto: Fernando Fiuza

If ever there were
Castles made of paper
Gnomes and crystals
Inspirations for songs
Surely they are small wonders...
Cicadas and flowers, fairy tales
None are any more vast
Than the small child.
(Murilo Antunes)

In the 1985 album, A NAVE VAI, Flávio incorporates the musicians Ronaldo Santos, Chacal and Luis Carlos Sá into 14 BIS. Ronaldo Bastos also contributes to the album with the lovely song **Nuvens**.

Flávio would leave the band in 1988, but, before that, they produced the album SETE, and he brought about a collaboration between 14 BIS and Renato Russo that would come to release the song **Mais Uma Vez**, which enjoys much playing time to this day. During the next year, Flávio still participated in 14 BIS Live while also following his own path.

But of course the sun
Will return tomorrow, I know
Darkness, I've seen worse
The kind that would make sane people mad...
(Renato Russo)

Flávio's solo career arose simultaneously with 14 BIS. During gaps between shows and the group's releases, he composed and recorded his own records. The first of them, NASCENTE, breaks new ground in musical quality and instrumental innovation. Afterward, 14 other albums would emerge during a career that is rich in styles and totally different from what he performed with the group. A new life, a new beginning.

NASCENTE, O ANDARILHO, CIDADE VELOZ: THE FIRST SOLO PHASE

The year is 1982. In the album NASCENTE, Flávio brings forth the musical tendencies that he would follow from there onwards. Romantic ballads and instrumental music with rock n' roll twists would be the basis for the majority of the tracks. Three musicians would provide the foundation that would carry him through many of his career's finest work: Paulinho Carvalho, bass, Esdras Nenem, drums and his brother, Cláudio Venturini. Add to these musicians the sophisticatedly refined sound of Marcos Vianna's electric violin. The results, in terms of sound, are innovative, and produced such notable instrumental tracks as: **Qualquer Coisa a Ver com o Paraíso**, a beautiful collaboration with Milton Nascimento, **Jardim das**

Delícias and **Fantasia Barroca**. Some of his fans' favorite songs were from this album: **Espanhola**, with Luis Carlos Sá, **Princesa**, with Ronaldo Bastos, **Pensando em Você**, with Kimura Schettino and, of course, the title track from the album, **Nascente**.

Two years later, Flávio released his next album, O ANDARILHO. He had just gotten back from Machu Pichu, in Peru, and showed me and Marcinho the song he composed there that inspired the album's title: **Andarilho de Luz**. **São Tomé** and **Trilhas** are the album's instrumental tracks. I wrote six lyrics for the album, among them, one of my favorites: **Solidão**. I was in the studio, with Flávio and Toninho Horta, who both played beautifully so that Nana Caymmi could showcase her voice, and it is certainly one of the loveliest songs ever composed.

Caramelo sounds like a breath of fresh air, with electronic sequences and well-adapted samplers. Another notable track is **Emannuel**, a piece composed by the departed French musician Michel Colombier that I simply loved, despite it not having lyrics. I strove to find lyrics for this song for eight long years, but I could never write any that I thought were on par with the melody. Until one inspired day when, in only one hour, I figured it out. I wanted to present the lyrics to Flávio as a gift, as long as he agreed to sing them together with our beloved Bituca. It was said and done.

I don't have wings to fly
Nor do I dream anything that shouldn't be dreamt about
I'm just a simple man that was born
From the womb of an act of love
It would be a happy spring
If the voice of man sang of peace
If man's gift were the art of making love
If man's light was Emannuel.

CIDADE VELOZ. I was fortunate enough to contribute to six tracks on this album. Among them, a song that has brought me much happiness. **Besame**. A mix of bolero and tango with a modern feel, the song became known not only for the contributions of Leila Pinheiro and Jane Duboc, but also because it was part of the soundtrack for the soap opera "Vale Tudo". Recently I achieved my dream of recording a dvd with Leila and Jane, which showcased new interpretations and arrangements of the song. Flávio and I were fortunate enough to see João Bosco perform his own arrangement of **Besame** to acoustic guitar, the recording of which was astonishingly good. **Cidade Veloz** has a slightly different aspect, perhaps for having been composed and rehearsed in São Paulo, where we spent days that were joyous, yet focused. The title track began to take shape in the subway.

NOITES COM SOL AND BEIJA-FLOR: TORCUATO MARIANO PRODUCES NEW HITS

*What is curious about NOITES COM SOL is that its creation was brought about by a demo that was so well produced that the producer, Mariozinho Rocha, made the demo available for a soap opera soundtrack. The song, with beautiful lyrics by Ronaldo Bastos, was a hit. In addition to Ronaldo, the album contains performances by Flávio's new musical partner, Alexandre Blasifera. It is this album that contains a masterful recording of **Clube da Esquina 2**, a classic of Popular Brazilian Music, composed by Milton, Lô and Márcio Borges. One immediately notices producer Torquato Mariano's modern style. He and Flávio would go on to work together frequently.*

*This prodigious composer did not stop. BEIJA-FLOR would emerge two years later with something new - Flávio composed the lyrics for two of the tracks. Other notable songs are **Para Lennon & McCartney** and the title track, in addition to the catchy accordion played by Dominguinhos in **Fim de Jogo**, to which I contributed as well. The Front for the Liberation of Mozambique song was also something new, for which Flávio asked me to compose a rendition of: **A Tiku Lellila**.*

*Back to 1987. During that year, two virtuosos came together to produce a live album. Flávio Venturini and Toninho Horta recorded a masterful performance at the Circo Voador. The set list, composed of only nine tracks, is immensely satisfying for its arrangements, its renditions and its musical performances. Among so many incredible tracks, in my opinion, **Vento de Maio**, by Telo and Márcio Borges, stands out.*

Flávio Venturini com sua empresária e amiga Fabiane Costa.
Foto: Erickson Brito.

Caetano Veloso e Flávio Venturini.
Foto: Erickson Brito.

THE HOMAGE TO CLUBE DA ESQUINA: O TREM AZUL

*Although not highly promoted by the recording label, O TREM AZUL (1998) was very well produced and contains many of Clube's classics. **Paisagem na Janela**, **Amor de Índio**, **Manuel, o Audaz**, **Sol de Primavera**, **Cais**, **Travessia** - each of these songs were given new life. It is an album in which the pop approach to music is predominant.*

50 YEARS CELEBRATED TO THE HILT: LINDA JUVENTUDE

*1999. During a live show, at Riocentro, Flávio celebrated his fiftieth birthday, and invited many musicians from his past: Lô Borges, Beto Guedes, Leila Pinheiro, Paulinho Moska, Zé Renato and Paulo Ricardo. The dvd captures all of the evening's emotion. And how amazing is it to hear Flávio and Guinga singing **Nascente** together.*

PORQUE NÃO TÍNHAMOS BICICLETA: MARKET CRISIS, ANOTHER FIVE SONGS FOR SOAP OPERA SOUNDTRACKS

*This album is from 2003, when the music industry was already showing signs of stress due to the new forms of recording media, which saw record sales plummet precipitously. Even so, Flávio's music was on the soundtracks of five of that year's soap operas. The album is fresh, innovative and presents vitality. It contains the first and only collaboration between Flávio and Fernando Brant, **Trator**, as well as songs with Milton Nascimento, Torcuato Mariano, Luis Carlos Sá, Mauricio Gaetani and Alexandre Blasifera. The album also showcases completely new songs by Cláudio Faria and Aggeu Marques. However, the song that was most impressive was **Céu de Santo Amaro**, by Johan Sebastian Bach. Fortunately, Flávio had the idea of putting lyrics to Adagio da Cantata BWV 156 and sings it with Caetano Veloso, since it was inspired by and composed in Santo Amaro da Purificação, Caetano's hometown. The lyrics are a perfect match to*

Bach's classical piece. I still remember the summer evening when Flávio called me to sing the lyrics over the phone; tears were shed by the two of us.

THE RETURN TO BELO HORIZONTE AND CANÇÃO SEM FIM

As soon as he returned to Belo Horizonte, Flávio decided to live in a housing estate outside of the city, known as Retiro das Pedras. It was enough for us to compose the first of a new batch of songs, **Retiro da Pedra,** which is part of CANÇÃO SEM FIM; the musician Jorge Vercillo contributes to this album with the song **Fênix**. It also contains new lyrics from Flávio in the song **Flores de Abril**, as well as an homage that we composed for Belo Horizonte, the capital city of Minas Gerais, whose recording featured beautiful orchestral work. The album also presents the wonderful song **Quanto Mais Teus Olhos Calam**, by Thomas Roth, a composer from São Paulo. CANÇÃO SEM FIM also plays host to a playful arrangement for Márcio Borges's great lyrics.

NÃO SE APAGUE ESTA NOITE: THE CD AND DVD ARE COLLECTOR'S ITEMS

Belo Horizonte always brought forth the best in Flávio. In this CD and DVD, he showcases his versatility and talent. This work, which was recorded at the Art Museum in Pampulha, at Flávio's charming home and in Paris, contains performances by Milton Nascimento, André Mehmari, Toninho Horta, Marina Machado, Mart'nália, Nando Lauria, Cláudio Venturini, Kadu Vianna and Luiza Possi. Artistic direction by Ronaldo Bastos.

2013: VENTURINI. THE MATURITY OF SOUND

This is Flávio's latest work, which includes arrangements by Keko Brandão and Torcuato Mariano. The repertoire includes 11 all-new songs, in addition to new renditions of **Todo Azul do Mar** and **Leãozinho**, by Caetano Veloso, and **Hino ao Amor**, by Edit Piaf. Rich harmonies and varied rhythms - the album brings together rock, ballads, bossa nova, and, above all, emotion. Ivan Lins performs in **Tarde Solar**; Vander Lee and Flávio composed a samba-reggae song, and the entire album brings a new flavor to the pop realm. To shine the spotlight on myself a bit, I was fortunate enough to contribute with two songs: **Enquanto Você Não Vem**, which I recorded with André Mehmari, and **Fotografia de um Amor**, which was originally composed for the film "As Mães de Chico Xavier", by Glauber Filho and Halder Gomes.

INCOMPLETE PROLOGUE

Nothing that I could possibly write here could adequately describe the breadth and beauty of the prolific and magnificent talent of this singer, songwriter, instrumentalist and multifaceted artist known as Flávio Venturini.

Murilo Antunes

Flávio Venturini. Foto: Jane Monteiro

"Flávio Venturini is a gift that I received from Beto Guedes. We got to know each other during the preparation of the album "A Página do Relâmpago Elétrico" on the way to a ranch, where we went to rehearse and live together. Neither of us had a car. We got off the bus under heavy rain and walked quite a bit, slipping and sliding on the mud. That's how it was.

From then till now, we have composed many songs and have become inseparable friends. The pride that I have to be able to collaborate musically with one of the greatest contemporary Brazilian artists can only be compared to the privilege of walking with him through the roads of life."

Ronaldo Bastos

Sentinels of an abyss called time

Flávio Venturini
Foto: José Luiz Pederneiras

Flávio, Flavinho, Pharaoh, Minos, Partner, Friend, Dear. Brother. During my whole lifetime, I have used and still use these names when addressing Flávio Venturini, ever since I came to know him as an adolescent, a rock musician that played in a garage that my younger brother Lô, of Flávio's age, went to often. It was he and Flávio. These were times when Murilo had just arrived in the "capital das Alterosas", Belo Horizonte, and had not, as yet, sowed passion, the earth and a Latinness, if you will, in the songs of our comrade. He still had not made his spring, or life source, spill over. At the time, I also had not made music with him. The first that we collaborated on was "Sentinela do Abismo", recorded by "O Terço", during the time when the longhaired creatures spoke, sang and engendered the peace and love revolution. At the meetings on the street corner, I was already a big fan of the guy, of his talent, his crystalline voice, his grace and smoothness; once our closeness increased, be became Flavinho. This was when, right before my youthful eyes, I witnessed the birth of the incredible group 14 BIS. Then, as we say around here, "we enjoyed it to the fullest". Our songs began to emerge prolifically with the presence and co-authorship of the great Zé Geraldo, known as Vermelho (Red, of my heart). "Planeta Sonho" became a nationwide success. We moved to Rio. We lived close to Rio's famous Botanical Garden. There we spent long nights full of creativity and joy, followed by mornings of hangovers and migraine headaches. Not only that, but also whole grain rice, burdock and miso. "Linda Juventude", "Canção Sem Fim", "Casa Vazia" and so many other songs were composed during this time. The gifted actor Kimura Schettino, reared as a brother in the Venturini family, also came into my life and even shared the same roof with my family and me during times that we lived completely as hippies when we lived in a large house in the neighborhood of Santa Tereza, in Rio. In the basement, with the help of Playwright Eid Ribeiro, we built the Teatro Dinossauro (Dinosaur Theater), and actors from São Paulo, Zé Celso and Ney Matogrosso made frequent appearances. Good people. I knicknamed Kimura Minotauro because of his physical presence, but that attempt backfired terribly. Flavinho bounced the knickname back to me, and I became known as Minotauro, which was later abbreviated to Minos. And till this day, Flávio and I great each other like this, "Hi, Minos." "Is all well, Minos?" Faraó (Pharoah) was a knickname that I think was given by Beto Guedes; at any rate, by a friend that saw in the young Flávio a likeness to Amenofis or Tutancamon. Seriously though... Know why I recount these anecdotes? Because I do not have words to describe the music of Flávio Venturini. One cannot explain, nor narrate, the complexity of the aesthetic and affective feelings that spill over in his creations that envelope everyone that listens to them attentively and with an open heart. My Dear Partner. Many times I've called you that, and I still do. Today, after so many decades of friendship and working together, I look back and relive our past with tears in my eyes, because everything became so distant, because they were the best times of our wonderful youth, because it was when we dreamt of a world that was free and built upon love, a world that was just and equal, happy and in harmony - the Planeta Sonho, very different from this savage planet from which, currently, our (mine and his) beloved Mãe Terra has been transformed. I do not think I even really need to try. Music is sound, ephemeral, the vibration of matter in a physical environment, listen whoever is listening, who hasn't listened to it, should listen. Printed words are heavy and lie motionless on the pages. They also may have rhythm and color, but do not make sound. To say what I had to say about Flávio Venturini, I could not choose any other words if not those that he could sing, which I have already given to him as proof of my love. They became our songs. They are a testimony to how close we are as brothers. It is wonderful that we continue to do this even today. To express his love, he always regales me with a song in its entirety. And I repay him with lyrics that he can sing to. From this union, eternity, in its true sense, music and endless friendship is born.

Márcio Borges

MÚSICAS

Alice

Flávio Venturini e Murilo Antunes

Song Book Flávio Venturini \ Alice

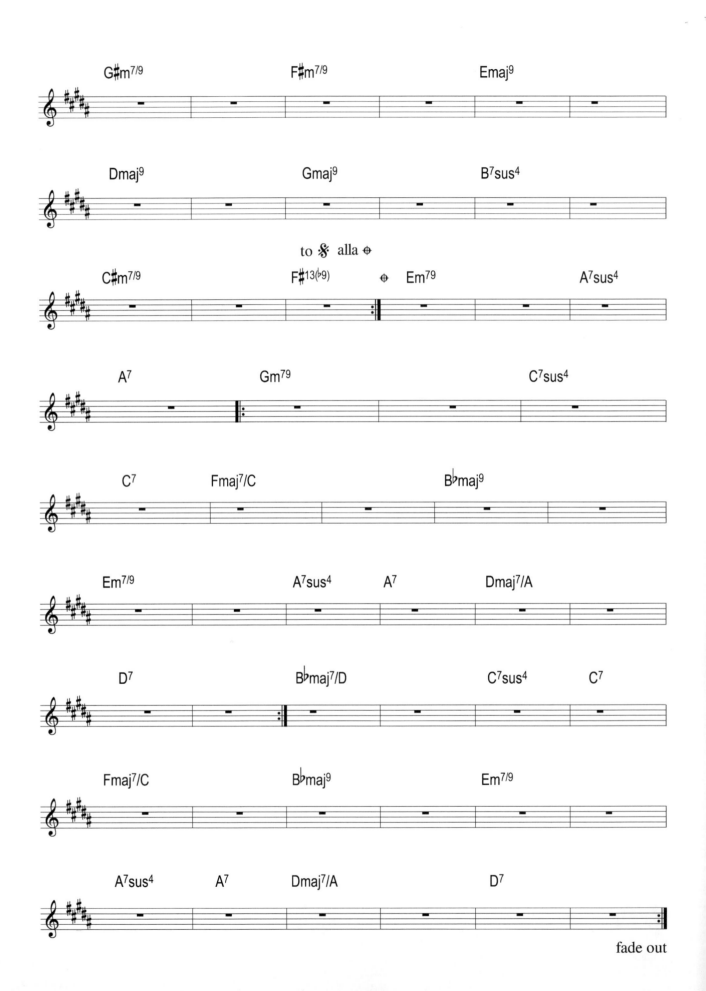

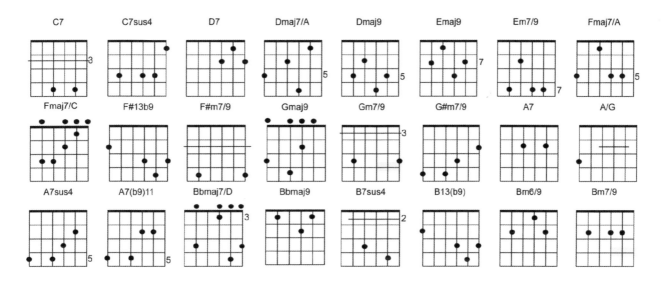

A7(b9)11 Gm9 C7sus4 C7 Fmaj7/C Bbmaj9 Em7/9 A7sus4 A7 Dmaj7/A B13/b9

Em7/9   G#m7/9
Deixo no meu piano a minha estrela indicadora

       F#m7/9   Emaj9   Dmaj9
É toda sua é toda clara é maravilha   ô

Gmaj9   B7sus4
Deixo um só momento a luz a sombra a ponte a lua

        C#m7/9   F#13/b9   Bm7/9 Bm6/9   Em7/9 A7sus4 A/G
O meu olhar   ô ô ô   minha voz   no ar

   F#m7/9 B13b9
      Alice

Em7/9   G#m7/9
Brinco de ver navio aparecendo no horizonte

       F#m7/9   Emaj9   Dmaj9
Trazendo o claro trazendo mar trazendo a maré ô ô   ô

Gmaj9   B7sus4
Brinco no meu piano chamando o vento

               C#m7/9   F#13/b9
Penso no azul cantando assim   ô ô   ô

    Bm7/9   Bm6/9   Em7/9 A7sus4 A/G
Meu amor   meu céu

   F#m7/9 B13b9
      Alice

Em7/9 A7sus4 A7 Gm9 C7sus4 C7 Fmaj7/A Bbmaj9 Em7/9 A7sus4 A7 Dmaj7/A D7
Em7/9 A7sus4 A7 Gm9 C7sus4 C7 Fmaj7/A Bbmaj9 Em7/9 A7sus4 A7 Dmaj7/A D7
Bbmaj7/D C7sus4 C7 Fmaj7/C Bbmaj9 Em7/9 A7sus4 A7 Dmaj7/A D7

Alma de balada

Flávio Venturini e Murilo Antunes

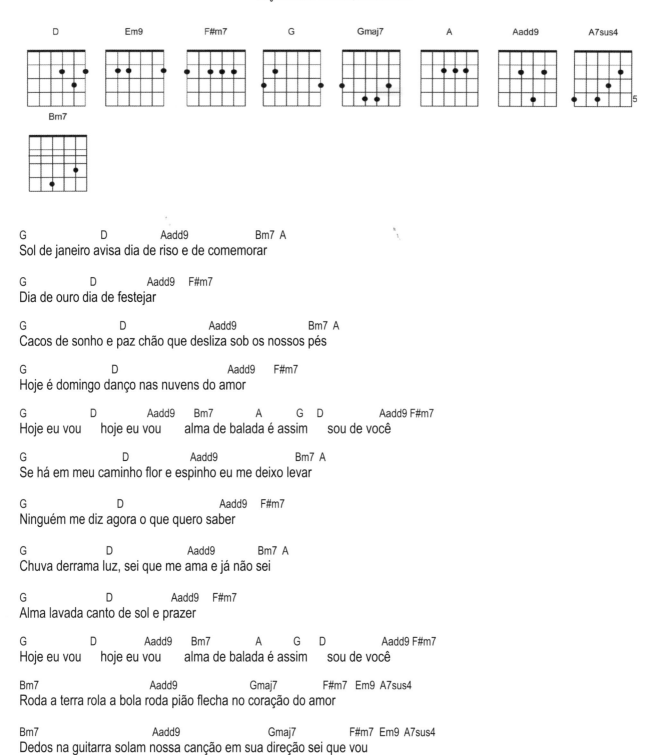

G   D   Aadd9   Bm7 A
Sol de janeiro avisa dia de riso e de comemorar

G   D   Aadd9   F#m7
Dia de ouro dia de festejar

G   D   Aadd9   Bm7 A
Cacos de sonho e paz chão que desliza sob os nossos pés

G   D   Aadd9   F#m7
Hoje é domingo danço nas nuvens do amor

G   D   Aadd9   Bm7   A   G   D   Aadd9 F#m7
Hoje eu vou   hoje eu vou   alma de balada é assim   sou de você

G   D   Aadd9   Bm7 A
Se há em meu caminho flor e espinho eu me deixo levar

G   D   Aadd9   F#m7
Ninguém me diz agora o que quero saber

G   D   Aadd9   Bm7 A
Chuva derrama luz, sei que me ama e já não sei

G   D   Aadd9   F#m7
Alma lavada canto de sol e prazer

G   D   Aadd9   Bm7   A   G   D   Aadd9 F#m7
Hoje eu vou   hoje eu vou   alma de balada é assim   sou de você

Bm7   Aadd9   Gmaj7   F#m7 Em9 A7sus4
Roda a terra rola a bola roda pião flecha no coração do amor

Bm7   Aadd9   Gmaj7   F#m7 Em9 A7sus4
Dedos na guitarra solam nossa canção em sua direção sei que vou

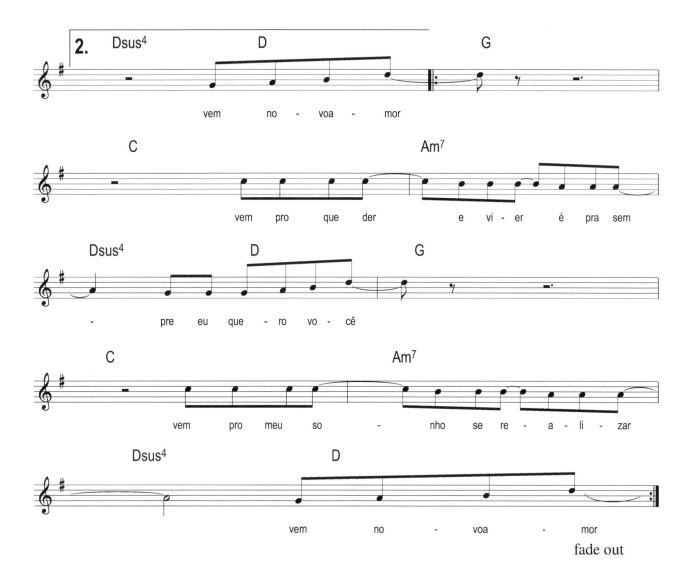

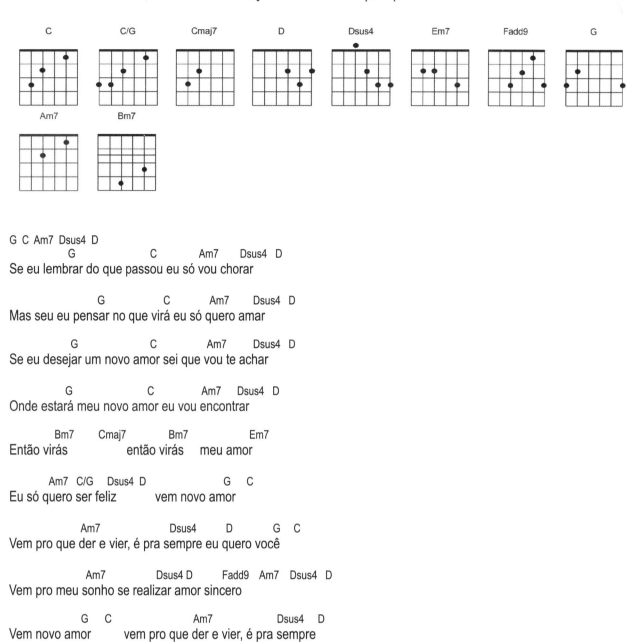

```
G C Am7 Dsus4 D
            G              C       Am7    Dsus4  D
Se eu lembrar do que passou eu só vou chorar

              G        C       Am7    Dsus4  D
Mas seu eu pensar no que virá eu só quero amar

             G        C       Am7    Dsus4  D
Se eu desejar um novo amor sei que vou te achar

           G          C       Am7    Dsus4  D
Onde estará meu novo amor eu vou encontrar

       Bm7     Cmaj7       Bm7           Em7
Então virás          então virás    meu amor

       Am7   C/G   Dsus4  D          G    C
Eu só quero ser feliz        vem novo amor

              Am7           Dsus4     D      G    C
Vem pro que der e vier, é pra sempre eu quero você

              Am7        Dsus4 D     Fadd9  Am7  Dsus4  D
Vem pro meu sonho se realizar amor sincero

              G    C          Am7         Dsus4   D
Vem novo amor       vem pro que der e vier, é pra sempre

              G   C          Am7         Dsus4 D      Fadd9  Am7
Eu quero você    vem pro meu sonho se realizar      amor sincero

Fadd9 Am7 Dsus4 D G C Am7 Dsus4 D
```

Andarilho da luz

Flávio Venturini, Márcio Borges e Murilo Antunes

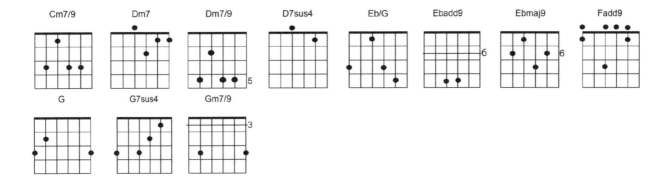

```
Gm7/9
Ebadd9      Fadd9  Gm7/9 Ebadd9     Fadd9  Gm7/9
   Uma estrela  caiu          e nos desejou

Ebadd9     Fadd9    Dm7/9    Gm7/9   Ebadd9    Fadd9    Gm7/9
   Um amor maior que os andes       das geleiras azuis

Ebadd9      Fadd9      Gm7/9 Ebadd9     Fadd9 Gm7/9
   A montanha acordou         e emaranhou

Ebadd9     Fadd9    Dm7/9 Gm7/9   Ebadd9     Fadd9    G
   Viajante    solitário          avião e vapor

G  G7sus4  Eb/G  D7sus4  Gm7/9
Ô  ô ô ô ô.....

Ebadd9      Fadd9     Gm7/9   Ebadd9    Fadd9  Gm7/9
   Lua lua   luou          e gravou no céu

Ebadd9     Fadd9    Dm7/9 Gm7/9   Ebadd9      Fadd9    Gm7/9
   O seu disco   flutuante       minha vista nevou

Ebadd9      Fadd9    Gm7/9   Ebadd9     Fadd9  Gm7/9
   Andarilho de luz          veio me trazer

Ebadd9     Fadd9    Dm7/9 Gm7/9   Ebadd9      Fadd9      Gm7/9
   Un sendero    luminoso         gavião e condor

G  G7sus4  Eb/G  D7sus4  Gm7/9
Ô  ô ô ô ô.....

Ebadd9        Fadd9     Gm7/9    Ebadd9     Fadd9  Gm7/9
   Na trincheira do sol       todos os  irmãos

Ebadd9     Fadd9  Dm7/9 Gm7/9   Ebadd9      Fadd9     Gm7/9
   Mesma trilha  guerrilheira        violão e cantor

Ebadd9       Fadd9      Gm7/9 Ebadd9      Fadd9    Gm7/9
   Quem pintou amanhã       paz de bom pastor

Ebadd9     Fadd9  Dm7/9 Gm7/9   Ebadd9     Fadd9   Gm7/9
   Sentimento quebra gelo       coração e calor

G  G7sus4  Eb/G  D7sus4  Gm7/9
Ô  ô ô ô ô.....
```

Anjo bom

Flávio Venturini e Ronaldo Bastos

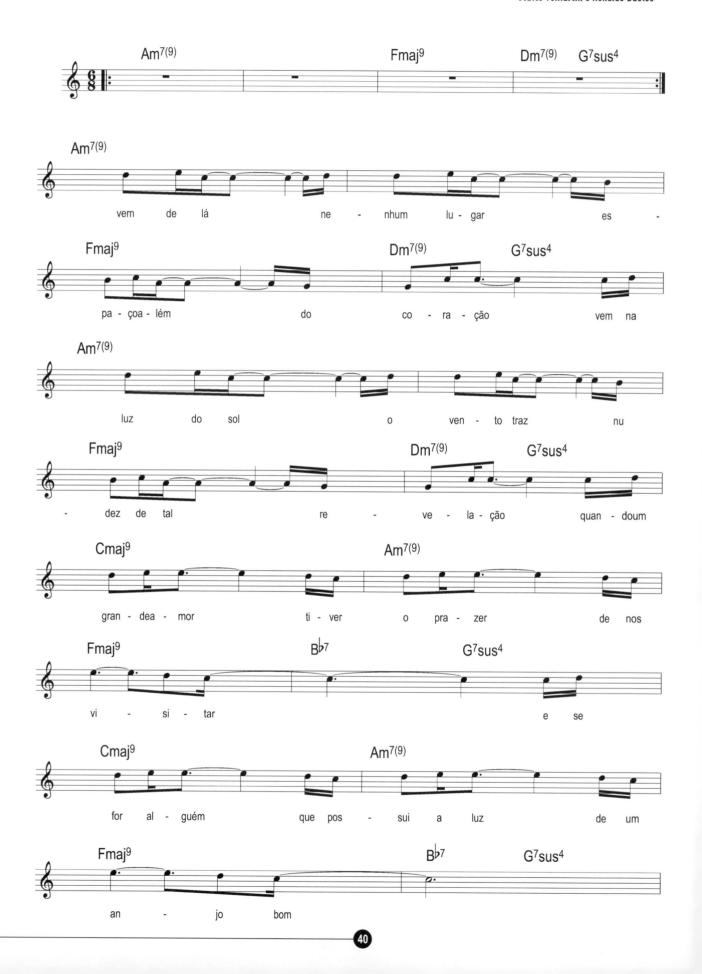

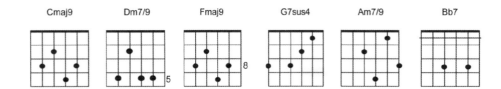

    Am7/9 Fmaj9 Dm7/9 G7sus4

    Am7/9   Fmaj9   Dm7/9 G7sus4
Vem de lá nenhum lugar espaço além do   coração

    Am7/9   Fmaj9   Dm7/9 G7sus4
Vem na luz do sol o vento traz nudez de tal revelação

        Cmaj9   Am7/9   Fmaj9   Bb7 G7sus4
Quando um grande amor tiver o prazer de nos visitar

     Cmaj9   Am7/9   Fmaj9   Bb7 G7sus4
E se for alguém que possui a luz de um anjo bom

   Am7/9   Fmaj9   Dm7/9   G7sus4
Deixa entrar seremos dois milhões de sóis de eterna manhã

      Am7/9   Fmaj9   Dm7/9   G7sus4
Vem meu anjo bom que tem o dom e é da cor que eu quero mais

     Cmaj9   Am7/9   Fmaj9 Bb7 G7sus4
Nas constelações há de ter o bem que você sonhou

    Cmaj9   Am7/9   Fmaj9 Bb7 G7sus4
E será alguém que possui a luz de um anjo bom

Song Book Flávio Venturini \ Aqui no Rio

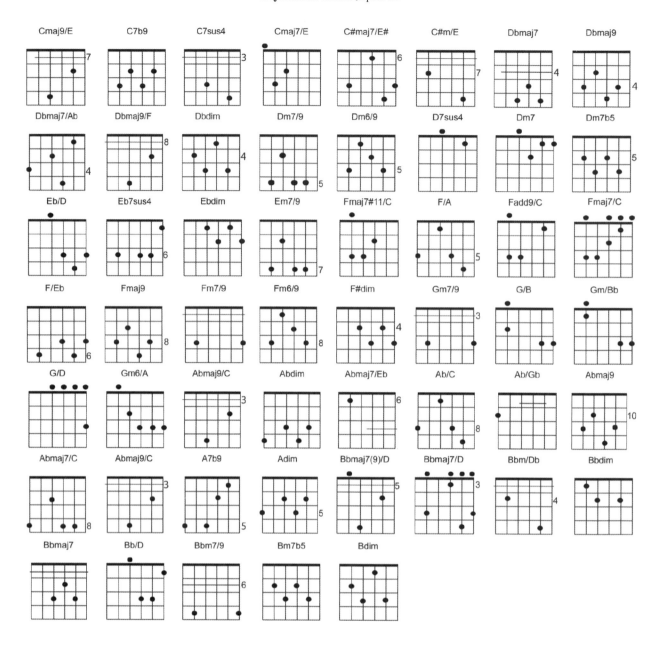

Dbmaj9/F Abmaj9/C Bbmaj9/D Cmaj9/E Bbmaj9/D Fadd9/A Em7/9 ||: Bbmaj9/D Dm7/9 :||

Fmaj7#11/C G/B Gm/Bb F/A   Fmaj7#11/C G/B Bbdim F/A Abdim
   Aqui no Rio   o dia é lindo   de   se   ver

         Gm7/9   C7sus4   Fadd9/C F/Eb   Bbmaj7/D Bbm/Db   Fmaj7#11/C
Com muita manha como deve   ser   olhei pro céu   corri pro   mar

Bm7b5   B bmaj7 A7b9 Gm7/9   C7sus4   Fmaj9 F#dim   Gm7/9   A7b9 Dm7/9
  Dei um mergulho   senti   tanto   prazer   muita a vontade para amar o sol

Dm6/9   Gm7/9   A7b9 Dm7/9   Fmaj7/C
  Na vadiagem do meu coração e na canção

G/B   Gm/Bb   F/A Fmaj7#11/C G/B Bbdim
  que eu canto amor vou   te   dizer

F/A   Abdim   Gm7/9 C7sus4 Fadd9/C   F/Eb   Bbmaj7/D   Bbm/Db
 Rio de Janeiro eu gosto de você   claro jardim   rara   beleza

Fmaj7#11/C   Bm7b5 Bbmaj7   A7b9 Gm7/9   C7sus4 Fmaj9   F#dim   Gm7/9 A7b9
   Oh natureza   você minha paixão   vou colorindo meu carnaval

Dm7/9   Dm6/9   Gm7/9   A7b9
  Fantasiando o tom do nosso amor

48

```
Dm7/9  Fmaj7#11/C  G/B  Gm/Bb  F/A  Dbmaj7/Ab  Gm7/9  Gm6/A  A7b9
Solo

Bbmaj7/D          D7sus4              Dm7              G/D
        Dança menina sambando  mexendo com a gente

             Eb/D    A7b9              Dm7/9
Seu corpo vadio contente  eu quero é te namorar

Bbmaj7/D         D7sus4             Dm7        G/D
        O sol vermelho colore seu corpo serpente

             Eb/D      A7b9                Bbmaj7/D      Cmaj7/E
Sereia que encanta o poente, navega nas ondas do mar

Dbmaj9  Fm7/9


LEILA PINHEIRO

Abmaj7/Eb        Bb/D  Bbm/Db  Ab /C   Abmaj7/Eb   Bb/D  Bbdim  Ab/C  Bdim
      Aqui no  Rio        o dia é  lindo     de   se   ver

             Bbm7/9     Eb7sus4  Abadd9/Eb  Ab/Gb    C#maj7/E#  C#m/E  Abmaj7/Eb
Com muita manha como deve ser       olhei pro céu      corri pro mar

Dm7b5        Dbmaj7  C7b9  Bbm7/9  Eb7sus4   Abmaj9 Adim
  Dei um mergulho       senti  tanto    prazer

          Bbm7/9        C7b9  Fm7/9
 muito a vontade para amar o sol

Fm6/9       Bbm7/9         C7b9  Fm7/9          Abmaj7/C
     Na vadiagem do meu coração   e   na canção

Bb/D        Bbm/Db            Ab/C  Abmaj7/Eb      Bb/D  Dbdim
     que eu canto amor vou   te                 dizer

Ab/C      Bdim        Bbm7/9  Eb7sus4  Abadd9/Eb  Ab/Gb   C#maj7/E#  C#m/E
Rio de Janeiro eu gosto de você          claro jardim     rara    beleza

Abmaj7/Eb      Dm7b5  Dbmaj7  C7b9  Bbm7/9  Eb7sus4
     Oh   natureza        você minha paixão

Abmaj7/Eb      Ebdim      Gm7/9  A7b9
    vou    colorindo meu   carnaval

Dm7/9       Dm6/9         Gm7/9    A7b9
     Fantasiando o tom do nosso amor

Dm7/9  Fmaj7#11/C  G/B  Gm/Bb  F/A  Dbmaj7/Ab  Gm7/9  Gm6/A  A7b9

Bbmaj7/D          D7sus4              Dm7              G/D
        Dança menina sambando  mexendo com a gente

             Eb/D    A7b9              Dm7/9
Seu corpo vadio contente  eu quero é te namorar

Bbmaj7/D         D7sus4             Dm7        G/D
        O sol vermelho colore seu corpo serpente

             Eb/D      A7b9                Bbmaj7/D      Cmaj7/E
Sereia que encanta o poente, navega nas ondas do mar
```

Até outro dia

Flávio Venturini e Cacá Raymundo

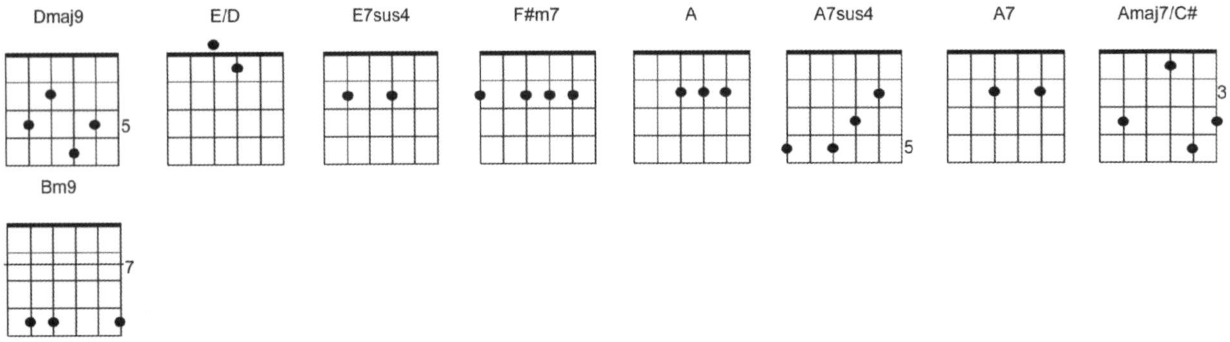

Song Book Flávio Venturini \ Até outro dia

Dmaj9 E/D E7sus4 F#m7 A A7sus4 A7 Amaj7/C#

Bm9

A Amaj7/C# Dmaj9 E7sus4

　　A　　　　　Amaj7/C#　　Dmaj9　E7sus4
Bateu uma saudade de você

　　A　　Amaj7/C# Bm9　E7sus4 E/D　　Amaj7/　　A7sus4 A7
O teu jeito de　　ser　me　põe　a　te　querer

　Dmaj9　　　E/D　　Amaj7/C# F#m7　Bm9　　　E7sus4 E/D　Amaj7/C# A7sus4
Ainda sinto a　energia　　　　　　o toque de despe..........dida

Dmaj9　　　　E/D Amaj7/C# F#m7　Bm9　　　　E7sus4 E/D Amaj7/C# F#m7
Ou até outro dia　　　　　　em que eu te en.........contre

Bm9　　　　E7sus4 E/D Amaj7/C# F#m7　　Bm9　　　E7sus4 A Amaj7/C# Dmaj9 E7sus4
Te descubra nova........mente　　　razão da minha　alegria

Beija-flor

Flávio Venturini e Ronaldo Bastos

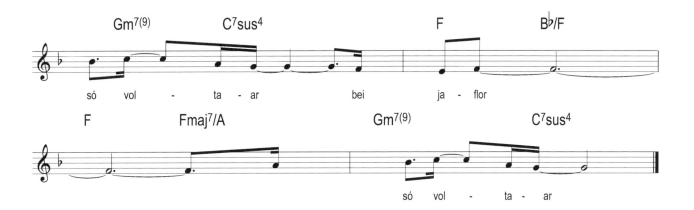

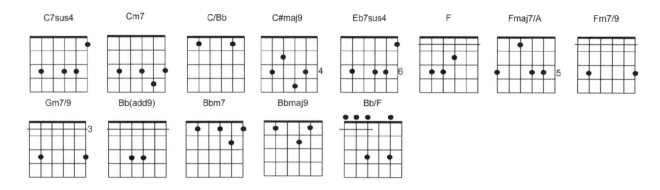

F Fmaj7/A Bbadd9 Gm9 C7sus4 F Fmaj7/A Gm9 C7sus4

F   Gm7/   Fmaj7/A Gm7/9 C7sus4   F Gm7/9
O que faz o beija–flor   ter vontade de voar

Fmaj7/A   Bbadd9 C/Bb Gm7/9   C7sus4   F Gm7/9
Vai e diz ao meu amor   o que viu do meu penar

Fmaj7/A   Bbmaj9 Fmaj7/A Gm7/9 C7sus4   F Gm7/9
Vai dizer ao meu grande amor que eu sempre vôo tão só

Fmaj7/A   Bbmaj9 Fmaj7/A Gm7/9 C7sus4   C#maj9
Diz também para o meu amor   é só   voltar beija - flor

Bbm7 Eb7sus4   Cm7 Fm7/9   Bbm7 Eb7sus4   Cm7 Fm7/9
O que faz o beija–flor   ter lampejos cor do mar

Bbm7 Eb7sus4   Cm7 Fm7/9   Bbm7 Eb7sus4   C#maj9 C7sus4
Quando penso em você   meu desejo é navegar

F Fmaj7/A Bbadd9 Gm7/9 C7sus4 F Fmaj7/A Gm7/9 C7sus4

F   Gm7/9   Fmaj7/A   Gm7/9   C7sus4   F Gm7/9
O que faz o beija–flor   ter mais prata que o luar

Fmaj7/A   Bbadd9 C/Bb Gm7/9   C7sus4   F Gm7/9
Faz o mel da tua flor   ser mais doce ao paladar

Fmaj7/A   Bbmaj9 Fmaj7/A Gm7/9 C7sus4   F Gm7/9
Vai dizer ao meu grande amor que eu sempre estou e vôo tão só

Fmaj7/A   Bbmaj9 Fmaj7/A Gm7/9 C7sus4 C#maj9
Diz também para o meu amor   é só   voltar, beija-flor

Bbm7 Eb7sus4   Cm7 Fm7/9   Bbm7   Eb7sus4 Cm7 Fm7/9
Quando riscas o céu és mais doce que o mel   que tiras da flor

 Bbm7   Eb7sus4   Cm7   Fm9   Bbm7 Eb7sus4   C#maj9
Mais do que viver   só te importa voar   beija-flor

Final
F Bb/F F Fmaj7/A Gm7/9   C7sus4   F Bb/F F Gm7/9
              É só voltar beija-flor

Fmaj7/A Gm7/9 C7sus4   F Bb/F
      É só voltar beija-flor

F Fmaj7/A Gm7/9   C7sus4
      É só voltar

Beijo solar

Flávio Venturini

Song Book Flávio Venturini \ Beijo solar

||: A E/A D/A E/A F#m7/9 Dmaj7 E7sus4 :||

A   E/A   D/A E/A   F#m7/9   Dmaj7 E7sus4
   Agora eu vou te dizer   de um amor   que eu não vou esquecer

     Amaj7/C#   Dmaj7   E7sus4   Cmaj7
Ouro Preto ao entardecer   é você

A   E/A   D/A E/A   F#m7/9   Dmaj7 E7sus4
   Como eu gostava de ver   teus cabelos ao vento solar

     Amaj7/C#   Dmaj7 E7sus4   Cmaj7   E7sus4
Uma taça de vinho Rodet   pra te amar

A   E/A   D/A E/A   F#m7/9   Dmaj7 E7sus4
   Se não se soube entender   foi tão lindo sentir por você

     Amaj7/C#   Dmaj7   E7sus4   Fmaj9
  A beleza infinita de ser   imortal

       F#m7/9   Dmaj7 E7sus4   F#m7/9   Dmaj7 E7sus4
Esta canção é só pra lembrar   de mil estrelas no céu a brilhar

       F#m7/9   Dmaj7 E7sus4   F#m7/9   Dmaj7 E7sus4
A maravilha que foi sentir   essa magia de um beijo solar

A   E/A   DA E/A   F#m7/9   Dmaj7 E7sus4
   E quando eu passear   tartarugas e peixes no mar

     Amaj7/C#   Dmaj7   E7sus4   Cmaj7
Da Bahia magia lembrar   o que é o amor

A   E/A   DA E/A   F#m7/9   Dmaj7 E7sus4
   Meus olhos vão se molhar   teus cabelos vão se rebelar

     Amaj7/C#   Dmaj7   E7sus4   Cmaj7   E7sus4
Meu piano não pode entoar   a canção de um amor

A   E/A   D/A E/A   F#m7/9   Dmaj7 E7sus4
   E agora eu quero seguir   minha vida vai ser procurar

     Amaj7/C#   Dmaj7   E7sus4   Fmaj9 E7sus4
Teu sorriso tão lindo ao chegar   meu amor

       F#m7/9   Dmaj7 E7sus4   F#m7/9   Dmaj7 E7sus4
Com você eu quero cantar   uma canção dos Beatles no ar

       F#m7/9   Dmaj7 E7sus4   F#m7/9   Dmaj7 E7sus4
Yes No more lonely nights   Mas valeu sim só valeu

       F#m7/9   Dmaj7 E7sus4   F#m7/9   Dmaj7 E7sus4
nossos momentos que vão ficar   Bem lá no fundo desse mar

61

        F#m7/9   Dmaj7 E7sus4   F#m7/9   Dmaj7 E7sus4
De uma baia milenar   Das montanhas das minas gerais

||: F#m7/9 Dmaj7 E7sus4 :|| 4x

        F#m7/9   Dmaj7 E7sus4   F#m7/9   Dmaj7 E7sus4
Com você eu quero cantar   essa canção que é só pra lembrar

        F#m7/9   Dmaj7 E7sus4
Essa magia de um beijo solar

        F#m7/9 Dmaj7 E7sus4   F#m7/9   Dmaj7 E7sus4   F#m7/9 Dmaj7 E7sus4
meu amor   meu lindo amor   meu amor

||: F#m7/9 Dmaj7 E7sus4 :|| 5x

        F#m7/9   Dmaj7 E7sus4
meu lindo amor

||: F#m7/9 Dmaj7 E7sus4 :|| 5x ||: A E/A D/A E/A :|| F#m7/9 Dmaj7 E7sus4Amaj7/C#
 Dmaj7 E7sus4

        Bm7/9   Amaj7/C# Dmaj7 E7sus4 Amaj7/C# Dmaj7 E7sus4
meu lindo amor

||: F#m7/9 Dmaj7 E7sus4 :|| 6x Amaj7/C# Dmaj7 E7sus4 Bm7/9 Amaj7/C# Dmaj7 E7sus4

Amaj7/C#   Dmaj7 E7sus4
Meu lindo amor

||: F#m7/9 Dmaj7 E7sus4 :|| 6x ||: A E/A D/A E/A :|| 4x A

Belo Horizonte

Flávio Venturini e Murilo Antunes

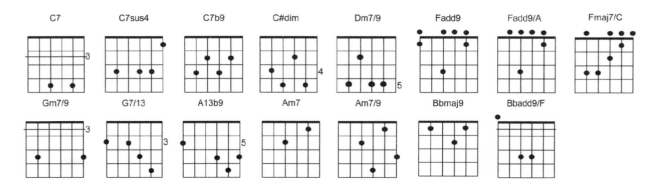

Dm7/9 Bbmaj9 Gm7/9 A13/b9 Dm7/9 G7/13 Bbmaj9 A13/b9 || Dm7/9 G7/13 Bbmj9 Am7 Gm7/9 C7 Fadd9 Bbadd9/F

Fadd9 Gm7/9 Fadd9/A Dm7/9   Bbmaj9   Fadd9/A Dm7/9
   Como vai   Beagá   ouve a voz da   montanha

Gm7/9   C7sus4   C7 Fadd9 Gm7/9 Fadd9/A Dm7/9
   Como vai   sei de cor   meu lugar

Bbmaj9   A13/b9 Dm7/9 Bbmja9 C#dim   Bbmaj7/D Gm7/9
   Belo Horizonte   quando   cai

 Fmaj7/C   Gm7/9 A13/b9 Dm7/9 G7/13
A tarde em   meu   coração

Bbmaj9 Gm7/9 Fmaj7/C   Gm7/9 Am7 Bbmaj9 C7 Fadd9
   Liberdade   a   praça   das   paixões

    Dm7/9   Bbmaj9
Se distante a saudade quer chegar

       Gm7/9   A13/b9   Dm7/9 G7/13   Bbmaj9 A13/b9 Dm7/9 G7/13
Quem feriu a linda serra do curral   luz de lua   apareceu

       Bbmaj9 Am7 Gm7/9 C7 Fadd9   Bbadd9/F
Como   fosse   sonho meu como fosse bom

  Fadd9 Gm7/9 Fadd9/A Dm7/9   Bbmaj9   Fadd9/A Dm7/9
   Manacá   como vai   dama da noite

Gm7/9   C7sus4   C7 Fadd9 Gm7/9 Fadd9/A Dm7/9
   como vai   Se de cor meu lugar

Bbmaj9   A13/b9 Dm7/9
   salve a floresta

Bbmja9 C#dim Bbmaj7/D Gm7/9   Fmaj7/C   Gm7/9 A13/b9   Dm7/9 G7/13
   Vem andar   no prado   Cidade Jardim

Bbmaj9 Am7   Gm7/9 Bbmaj7/D Fmaj7/C   Am7 Gm7/9   Bbmaj9 C7 Fadd9
   Hoje   é festa na dor das   capitais

    Gm7/9 Am7 BbmaJ9 C7 Fadd9
Nas   cinzas   dos   quintais

       Dm7/9   Bbmaj9
Se entreguei meu coração num dia assim

       Gm7/9   A13/b9   Dm7/9 G7/13
Li seu nome na palmeira imperial

      Bbamj9   A13/b9 Dm7/9 G7/13   Bbmaj9 Am7   Gm7/9 C7 Fadd9
   Encantado   descobri   flor de Minas   bem ou mal

   Bbmaj9 Am7/9 Gm7/9 C7/b9 Fadd9
   Ô   ô   ô   ô   ô

Besame

Flávio Venturini e Murilo Antunes

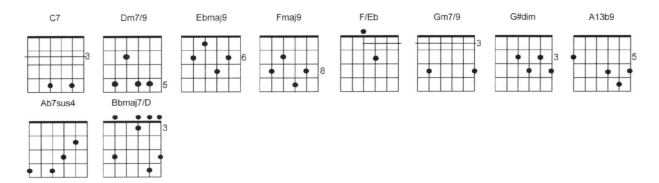

```
Dm7/9  Bbmaj7/D
Dm7/9          Bbmaj7/D      Dm7/9      Bbmaj7/D        Gm7/9  C7    Fmaj9   Bbmaj9
   A orquestra       já nos chamou        abriu meu coração tremeu o chão

    Ebmaj9   A13b9  Dm7/9            Bbmaj7/D
Eu vi que era   feliz a luz de um cabaré

C7                            Fmaj9     Bbmaj9
   La noche nuestra o mundo a rodar

Gm7/9          G#dim       A7sus4    A13b9
Vem o fogo da paixão nos queimar

          Gm7/9  C7              Fmaj9    Bbmaj9
La luna tropical     o som de um bandonéon

F/Eb    Ebmaj9      G#dim   A13b9      Dm7/9   Bbmaj7/D
Não me canso de pedir          besame

         Dm7/9       Bbmaj7/D    Dm7/9    Bbmaj7/D    Dm7/9    Bbmaj7/D
Besame mucho mas         besame         besame mucho mas
```

Canção de acordar

Flávio Venturini e Vitor Hugo Santos

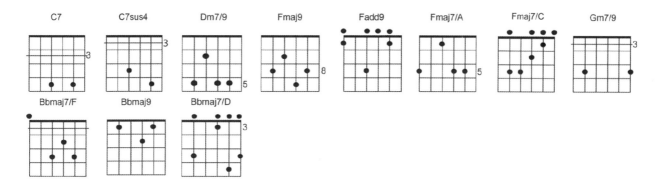

Bbmaj9 Fmaj7/A Gm7/9 C7sus4 ||: Fmaj9 Bbmaj7/F :||

Fmaj9　　　　Bbmaj7/F　　　　C7sus4　　　　C7　　　　Fmaj9 Fmaj7/A
　Acorde linda　　disposta e bela　　abra os olhos abra a janela

Fmaj7/A　　　　Gm7/9　C7sus4　　　　C7　　　　Fmaj9
　A noite já se foi　　　agora é hora de viver na vertical

　Bbmaj9　　　Fmaj7/A Gm7/9　　　C7sus4　　　Fmaj9 Bbmaj7/F Fmaj9 Bbmaj7/F
O dia há de trazer　uma noticia ou alguém especial

Fmaj9　　　　Bbmaj7/F　　　C7sus4　　　C7　　　Fmaj9 Fmaj7/A
　O dia inteiro　　vive naquela　　sol brilhante lua amarela

Fmaj7/A　　　　Gm7/9　　C7sus4　　　C7　　　Fmaj9
　A noite pode ter escondido　　algum tesouro no quintal

　Bbmaj9　　　Fmaj7/A Gm7/9　　　C7sus4　　　Fmaj9
Quem sabe eu possa ler　alguma coisa sobre ela no jornal

Bbmaj9 Fmaj7/A Gm7/9 C7sus4

Fmaj9　　　　Bbmaj7/F　　　C7sus4　　　C7　　　　Fmaj9
　Lá na rua　　todos se olham　　todos se falam perguntam por ela

Fmaj7/A　　　　　Bbmaj7D　　C7sus4　　　　C7　　　Fmaj9
　Quem sabe hoje ela　　seja　　alguma estrela lá do mundo espacial

　Bbmaj9　　　Fmaj7/A Gm7/9　　　C7sus4　　　Fmaj9
O vento há de trazer　a roupa dela e estender no meu varal

Fmaj9　　　　Bbmaj7/F　　　C7sus4　　　C7　　　Fmaj9 Fmaj7/A
　Acorde linda　　disposta e bela　　abra os olhos abra a janela

　Fmaj7/A　　Bbmaj7/D C7sus4　　　C7　　　Fmaj7/A
　A vida vai seguindo　　como um infinito corpo espiral

　Bbmaj9　　　　Fmaj7/A Bbmaj9　　　Fmaj7/A Gm7/9　　C7sus4
Espero em qualquer noite　　　ver cair uma estrela　em　meu quintal

Fmaj9 Bbmaj7 ||: C7 Fmaj7/C Gm7/9 C7 Fmaj7/C Bbmaj7/D :||
C7 Fmaj7/C Gm7/9 C7 Fmaj7/C Bbmaj7/D
C7 Fmaj7/C Gm7/9 C7 Dm7/9 ||: Bbmaj7/D C7 Fmaj7/C Gm7/9 C7 Fmaj7/C :||
Bbmaj9 Gm7/9 C7sus4 Fadd9

Canção sem fim

Flávio Venturini e Márcio Borges

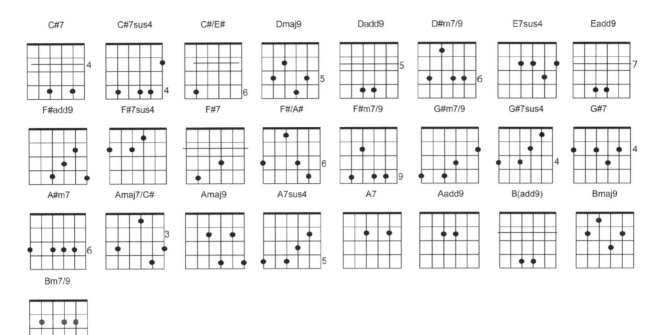

F#add9   A#m7   D#m7/(9)   Bmaj9
Como se dois fossem um só guardo você em mim

Bamj9   F#/A#   D#m7(9) G#7sus4 G#7   C#7sus4 C#7
Numa pintura   de   nuvem   desenho

F#add9   A#m7   D#m7/(9)   Bmaj9
 Boa razão para lembrar uma canção sem fim

Bamj9   F#/A#   D#m7(9)   G#m7(9) C#/E#   F#7sus4 F#7   Bmaj9
 Imaginário   som   animal   chamado sonho meu

      F#/A#   D#m7(9) Bmaj9   F#/A#   G#m7(9) C#7sus4 Eadd9 Dadd9
Só de pensar foi bom   o paraíso é   só você   e eu

Dadd9 Amaj7/C# Bm7(9) E7sus4 Amaj9 F#m7/(9)
Quem   conhece a   solidão

Bm7(9) E7sus4 A7sus4 A7   Dmaj9
vive pra ser   lembrado por alguém

        Amaj7/C#   F#m7(9) Bm7(9) E7sus4 A7sus4 A7   Dmaj9
O nosso breve sinal   brilha   no   desejo que se fez

       Amaj7/C# F#m7(9)
e não diz nunca   mais

   Bm7(9) E7sus4 Aadd9 Badd9
Enquanto for talvez

F#add9   A#m7   D#m7/(9)   Bmaj9
Sendo assim simples mortais eternamente mais

Bamj9   F#/A#   D#m7(9) G#7sus4
 já não importa   nada

G#7 C#7sus4 C#7   F#add9   A#m7   D#m7/(9)   Bmaj9
     Se tenho   boa razão para cantar o meu amor sem fim

Caramelo

Flávio Venturini e Márcio Borges

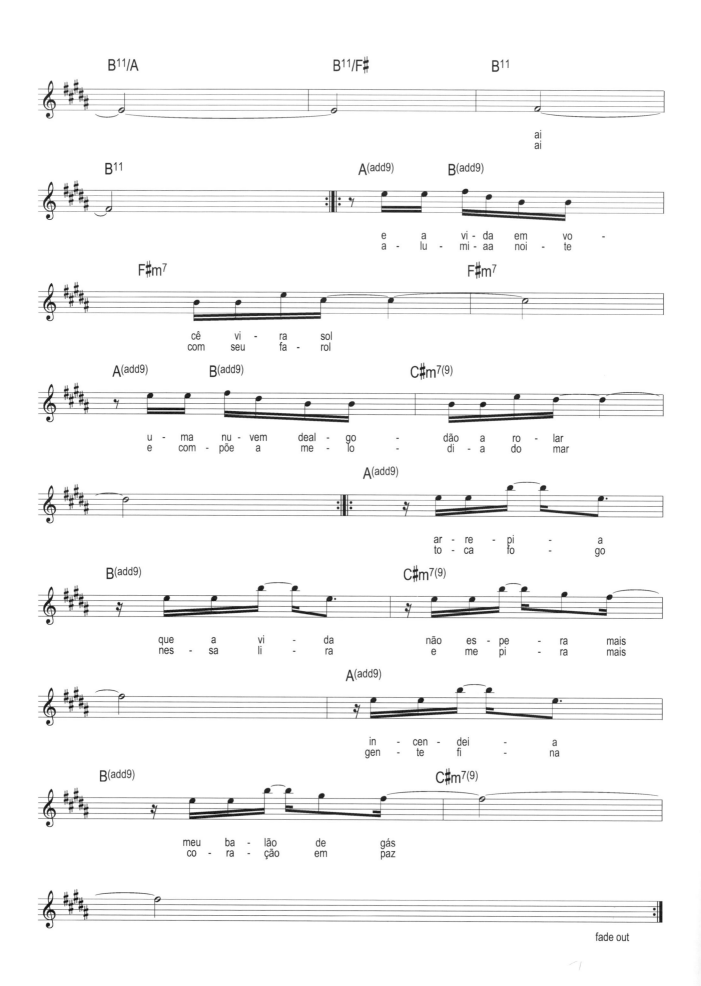

Song Book Flávio Venturini \ Caramelo

```
C#m7/9   D#m7/9   E   F#m7   Aadd9   B(add9)   B11   B11/A
B11/F#
```

```
       B11   B11   B11/F#   C#m7/9   B11/A   B11/F#   B11
```

B11   B11   B11/F#   C#m7/9   B11/A B11/F# B11
    Um amor assim é mais que belo   nem é brinquedo mais

B11   B11   B11/F#   C#m7/9   B11/A B11/F# B11
    É a voz do vento caramelo   que   a   saudade traz

Aadd9   Badd9   F#m7   F#m7 Aadd9   Badd9   C#m7/9
     Cada dia eu reparo melhor   o destino quer comigo brincar

Aadd9   Badd9   F#m7   F#m7 Aadd9   Badd9   C#m7/9
     Uma hora tenho tudo de bom   uma hora ele vem me tomar

Aadd9   Badd9   C#m7/9
     Pequenino   me ensina   como é que faz

Aadd9   Badd9   C#m7/9
     Como rima   aflição e paz

Aadd9   Badd9   C#m7/9
     Arrepia   que a vida   não espera mais

Aadd9   Badd9   C#m7/9
     Incendeia   meu balão de gás

C#m7/9   D#m7/9   E F#m7   Aadd9 Badd9
     Eô   eô   eô ô   ô

B11   B11   B11/F#   C#m7/9   B11/A B11/F# B11
    Nosso grande lance é o sentimento   meu pensamento vai

B11   B11   B11/F#   C#m7/9   B11/A B11/F# B11
    Se pintarmos o amor na cara   alguma estrela cai

Aadd9   Badd9   F#m7   F#m7 Aadd9   Badd9   C#m7/9
     E a vida em você vira sol   uma nuvem de algodão a rolar

Aadd9   Badd9   F#m7   F#m7 Aadd9   Badd9   C#m7/9
     Alumia a noite com seu farol   e compõe a melodia do mar

Aadd9   Badd9   C#m7/9
     Arrepia   que a vida   não espera mais

Aadd9   Badd9   C#m7/9
     Incendeia   meu balão de gás

Aadd9   Badd9   C#m7/9
     Toca fogo   nessa lira   e me pira mais

Aadd9   Badd9   C#m7/9
     Gente fina   coração em paz

Casa vazia

Flávio Venturini e Ronaldo Bastos

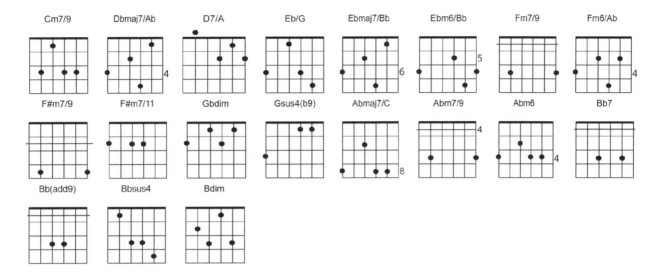

Cm7/9 Abmaj7/C

Abmaj7/C   Bdim Ebmaj7/Bb   D7/A Fm6/Ab   Gsus4b9
   A festa terminou   agora já é   tarde   preciso ir andando

    F#m7/9 F#m7/11   Abmaj7/C   Bdim Ebmaj7/Bb
Quem sabe outro   inverno   promete renovar

          D7/A   Gsus4b9 F#m7/9
A chama ao relento aquece esse   mar morto

     Bbsus4 Bb7   Ebmaj7/Bb Ebm6/Bb
Fiz a minha casa   no   vento castelos de som

Bbadd9   Bbsus4   Bb7 Ebmaj7/Bb
   no chão de uma   senzala

   Ebm6/Bb   Bbadd9   Abmaj7/C
Escravos do amor uma estrela   cai peço por alguém

Bdim   Ebmaj7/Bb D7/A   Dbmaj7/Ab Gsus4b9
   Esqueço minha   mágoa num instante

F#m7/9   Bbsus4 Bb7 Ebmaj7/Bb   Ebm6/Bb Bbadd9
   Fiz a minha casa na   pedra   meus olhos de sono

   Bsus4   Bb7 Ebmaj7/Bb   Ebm6/Bb   Bbadd9   Abmaj7/C
Alegria   molhava a   casa   depois ficou vazia

Abmaj7/C   Abm7/9 Abm6 Abm7/9   Eb/G Gbdim Fm7/9
Ia ser meu lugar   ia ser   meu país   a florescer

A capella   Bbsus4 Cm7/9
Era para ser bom

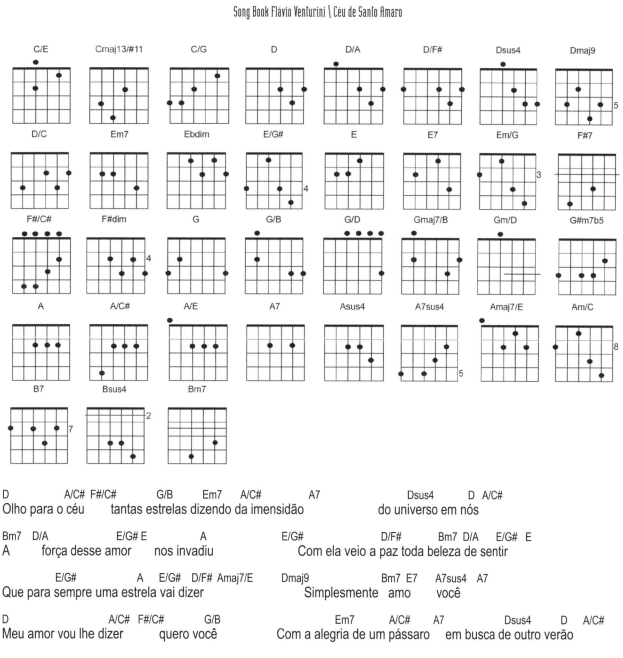

```
D        A/C# F#/C#    G/B    Em7   A/C#     A7              Dsus4      D   A/C#
Olho para o céu    tantas estrelas dizendo da imensidão         do universo em nós

Bm7  D/A       E/G# E      A       E/G#         D/F#    Bm7  D/A   E/G# E
A    força desse amor   nos invadiu        Com ela veio a paz toda beleza de sentir

        E/G#        A   E/G# D/F# Amaj7/E   Dmaj9         Bm7 E7   A7sus4 A7
Que para sempre uma estrela vai dizer          Simplesmente  amo      você

D           A/C# F#/C#    G/B           Em7    A/C#   A7       Dsus4      D   A/C#
Meu amor vou lhe dizer    quero você        Com a alegria de um pássaro  em busca de outro verão

Bm7  D/A      E/G# E      A  E/G#       D/F#
Na    noite do sertão   meu coração   só quer bater por ti

     Bm7    D/A    E/G# E     E/G#     A     E/G# D/F# Amaj7/E  Dmaj9         Bm7    E7 A7sus4 A7
Eu me coloco em tuas mãos    para sentir todo o carinho que sonhei         Nós somos rainha e      rei

Solo
F#m7b5  B7  Am/C  Ebdim  F#dim  Em7  G/D  Cmaj13/#11  Bsus4  B7  Em7  G/D  A/C#  Dsus4  D  D/C  G  C/E  D/F#  C/G  G  D/F#  A/E  D/F#
Em/G  A  G/B  A/C#  A7  D  D/F#  G  E/G#  Asus4  A7  D  A/C#  F#/C#  G/B  Em7  A/C#  A7  Dsus4  D  A/C#

Bm7  D/A       E/G# E      A  E/G#       D/F#
Na    noite do sertão   meu coração   só quer bater por ti

     Bm7    D/A    E/G# E     E/G#     A     E/G# D/F# Amaj7/E  Dmaj9         Bm7    E7 A7sus4 A7
Eu me coloco em tuas mãos    para sentir todo o carinho que sonhei         Nós somos rainha e      rei

D        A/C#  F#7      G/B    Em7   A/C#
Olho para o céu    tantas estrelas dizendo da imensidão

A7     Dsus4      D    D/C  G     D/F# Em7        A7   Gmaj7/B  Asus4
  Do universo em nós        a força  desse amor nos invadiu

   G#m7b5  G       D/F# G    Asus4 A7     D  Gm/D  D  Gm/D
Então     veio a certeza de amar      você

D  Gm/D  D  Gm/D  D
```

Chama no coração

Flávio Venturini e Murilo Antunes

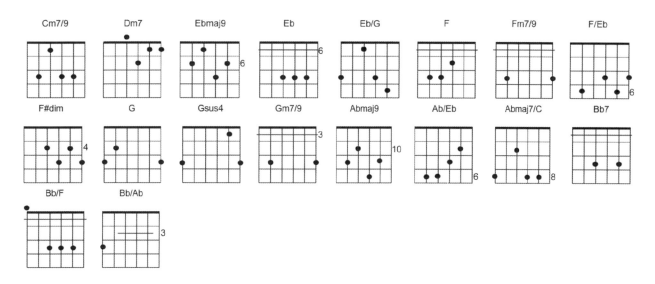

Cm7/9 Abmaj9 Gm7/9 Fm7/9 F/Eb Dm7 G

    Cm7/9 Abmaj9   Gm7/9 Cm7/9 Abmaj9 Gm7/9 Fm7/9   Bb7   Eb   F   G
Vem ver   há um clarão da mata noite de   vendaval   você onde estás

  Cm7/9 Abmaj9   Gm7/9 Cm7/9 Abmaj9 Gm7/9 Fm7/9   Bb7   Eb   F G
Luar   preso   na fumaça chama no   coração   você onde estás

   Abmaj7/C Fm7/9 Bb7 Ebmaj9 Abmaj9   Fm7/9   F#dim   Gsus4 G
A fúria   o pão   tudo se vai na queimada

   Abmaj7/C Fm7/9 Bb7 Ebmaj9 Abmaj9   Fm7/9   F#dim   Gsus4 G
O luar   o chão   tudo se vai na queimada

    Cm7/9 Abmaj9 Gm7/9 Cm7/9 Abmaj9   Gm7/9 Fm7/9 Bb7   Eb   F   G
Vem ver   incendeia a serra   resta em nosso olhar o mar que não vêm

    Cm7/9 Abmaj9 Gm7/9   Cm7/9 Abmaj9   Gm7/9 Fm7/9 Bb7   Eb   F G
No céu   uma ave   negra voa sem me dizer você onde estás

    Abmaj7/C Fm7/9 Bb7   Ebmaj9 Abmaj9   Fm7/9   F#dim   Gsus4 G
Queimadas   no   palmeiral   cinzas ao sol na clareira

    Abmaj7/C Fm7/9 Bb7   Ebmaj9 Abmaj9   Fm7/9   F#dim   Gsus4 G
O   vento   varrendo   resta plantar no que resta

Solo
Eb/G Cm7/9 Ab/Eb Bb/F Bb/Ab 2x

  Cm7/9 Abmaj9   Gm7/9 Cm7/9 Abmaj9   Gm7/9 Fm7/9   Bb7   Eb   F   G
        Deito na terra seca vai um condor no ar nem há quem me ouvir

   Cm7/9 Abmaj9   Gm7/9 Cm7/9 Abmaj9   Gm7/9 Fm7/9   Bb7   Eb   F   G
No céu   uma nuvem prata chama no   coração   você não estás

   Abmaj7/C Fm7/9 Bb7   Ebmaj9 Abmaj9   Fm7/9   F#dim   Gsus4 G
   A vida   a viola   tudo se vai na queimada

Cm7/9 Abmaj9 Gm7/9 C7 Fm7/9 F/Eb Dm7 G Cm7/9

Cidade veloz

# Cidade veloz

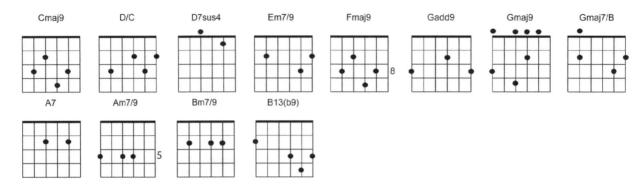

Gadd9 Em7/9 Cmaj9 Bm7/9 Am7/9 D7sus4

Gadd9   Em7/9   Cmaj9   Bm7/9   Am7/9   D7sus4
  Quantos olhos vi no metrô   dentro da cidade veloz   Olhando pra nós

Gadd9   Em7/9   Cmaj9   Bm7/9   Am7/9 D7sus4
  Gangues e mendigos azuis   passam acenando pra nós   cidade feroz

Fadd9   D7sus4   Gmaj9   B13b9   Em7/9 A7   D7sus4
  Minha natureza de ser   não me permite sofrer   sem chorar

Fadd9   D7sus4   Gmaj9   B13b9   Em7/9 A7   D7sus4
  Na velocidade da luz   o que enlouquece seduz   tão veloz

        Gmaj7/B Em7/9 Am7/9 D7sus4 D/C Gmaj7/B Em7/9   Am7/9
Pela cidade   vou   trilhos   de metrô   uou

D7sus4   D/C Gmaj7/B   Em7/9   A7
  Olhos que   não   me vêem

D7sus4 ||: Gadd9 Em7/9 Cmaj9 Bm7/9 Am7/9 D7sus4 :|| 2x

Gadd9   Em7/9   Cmaj9
  Juro que não juro jamais   o que virá eu não sei

Bm7/9   Am7/9   D7sus4
  Nem sabe você

Gadd9   Em7/9   Cmaj9
  Como na cidade atroz   sigo atrás de sonho e calor

Bm7/9   Am7/9   D7sus4
  E seja onde for

Fadd9   D7sus4   Gmaj9   B13b9   Em7/9 A7   D7sus4
  Quantos acres tenho que ter   pra ser estrela da voz   da canção

Fadd9   D7sus4   Gmaj9   B13b9   Em7/9 A7   D7sus4
  Quantas inverdades ouvi   quantos inimigos terei   sem saber

        Gmaj7/B Em7/9 Am7/9 D7sus4 D/C Gmaj7/B Em7/9   Am7/9
Pela cidade   vou   trilhos   de metrô   uou

D7sus4   D/C Gmaj7/B Em7/9   A7
  Olhos que não   me vêem

        Gmaj7/B Em7/9 Am7/9 D7sus4 D/C   Gmaj7/B Em7/9   Am7/9
Pela cidade vou   sonhos   de neon   uou

D7sus4   D/C Gmaj7/B Em7/9   A7
  Olhos que não   me vêem

Gadd9 Em7/9 Cmaj9 Bm7/9 Am7/9 D7sus4   fade out

Clube da esquina nº 2

Lô Borges, Márcio Borges e Milton Nascimento

| Cadd9 | Cmaj7/E | Cmaj7/G | Dm7/9 | Fmaj9 | F/A | G7sus4 | Am7/9 |

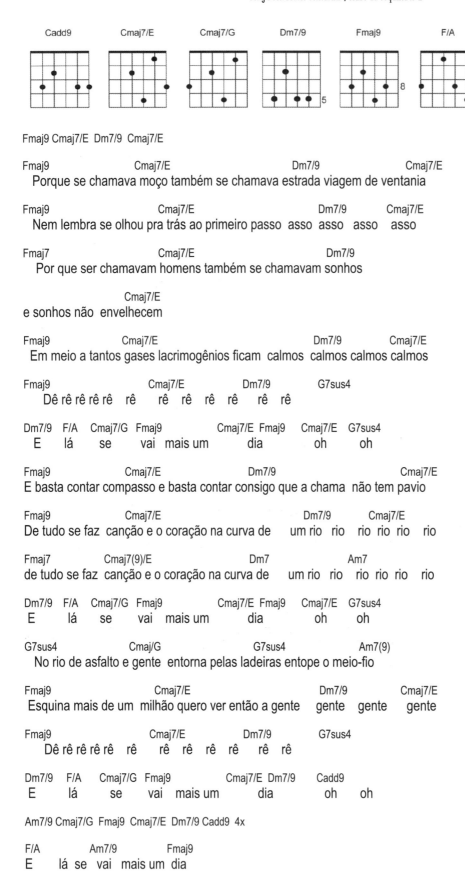

Fmaj9 Cmaj7/E Dm7/9 Cmaj7/E

Fmaj9   Cmaj7/E   Dm7/9   Cmaj7/E
   Porque se chamava moço também se chamava estrada viagem de ventania

Fmaj9   Cmaj7/E   Dm7/9   Cmaj7/E
   Nem lembra se olhou pra trás ao primeiro passo asso asso asso asso

Fmaj7   Cmaj7/E   Dm7/9
   Por que ser chamavam homens também se chamavam sonhos

             Cmaj7/E
e sonhos não envelhecem

Fmaj9   Cmaj7/E   Dm7/9   Cmaj7/E
   Em meio a tantos gases lacrimogênios ficam calmos   calmos calmos calmos

Fmaj9   Cmaj7/E   Dm7/9   G7sus4
   Dê rê rê rê rê   rê   rê rê rê   rê rê

Dm7/9   F/A   Cmaj7/G Fmaj9   Cmaj7/E Fmaj9   Cmaj7/E G7sus4
   E   lá   se   vai   mais um   dia   oh   oh

Fmaj9   Cmaj7/E   Dm7/9   Cmaj7/E
   E basta contar compasso e basta contar consigo que a chama não tem pavio

Fmaj9   Cmaj7/E   Dm7/9   Cmaj7/E
   De tudo se faz canção e o coração na curva de   um rio rio   rio rio rio   rio

Fmaj7   Cmaj7(9)/E   Dm7   Am7
   de tudo se faz canção e o coração na curva de   um rio rio   rio rio rio   rio

Dm7/9   F/A   Cmaj7/G Fmaj9   Cmaj7/E Fmaj9   Cmaj7/E G7sus4
   E   lá   se   vai mais um   dia   oh   oh

G7sus4   Cmaj/G   G7sus4   Am7(9)
   No rio de asfalto e gente entorna pelas ladeiras entope o meio-fio

Fmaj9   Cmaj7/E   Dm7/9   Cmaj7/E
   Esquina mais de um milhão quero ver então a gente   gente   gente   gente

Fmaj9   Cmaj7/E   Dm7/9   G7sus4
   Dê rê rê rê rê   rê   rê rê rê   rê rê

Dm7/9   F/A   Cmaj7/G Fmaj9   Cmaj7/E Dm7/9   Cadd9
   E   lá   se   vai mais um   dia   oh   oh

Am7/9 Cmaj7/G Fmaj9 Cmaj7/E Dm7/9 Cadd9   4x

F/A   Am7/9   Fmaj9
   E   lá se vai mais um dia

Criaturas da noite

Flávio Venturini e Luis Carlos Sá

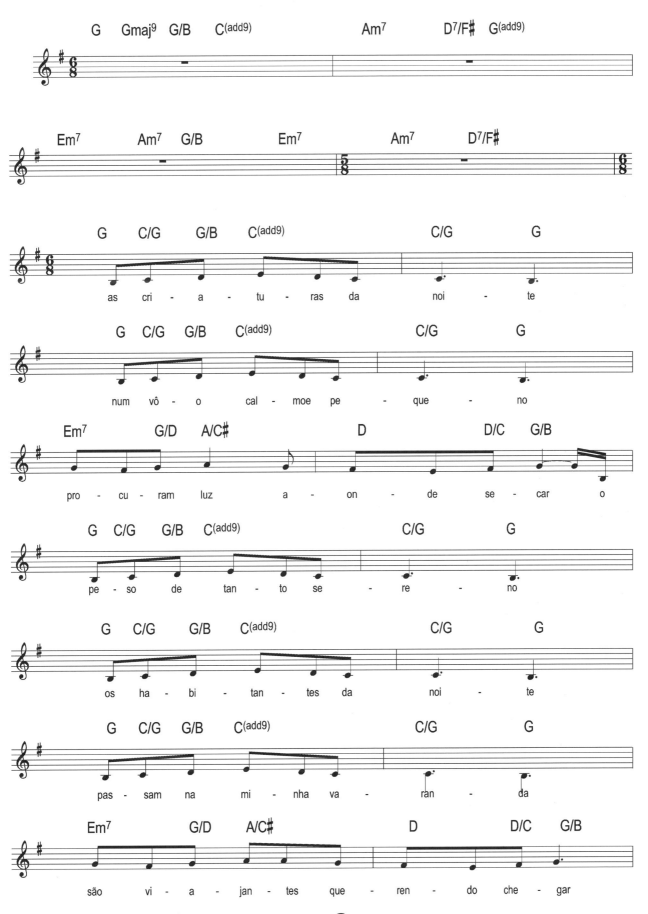

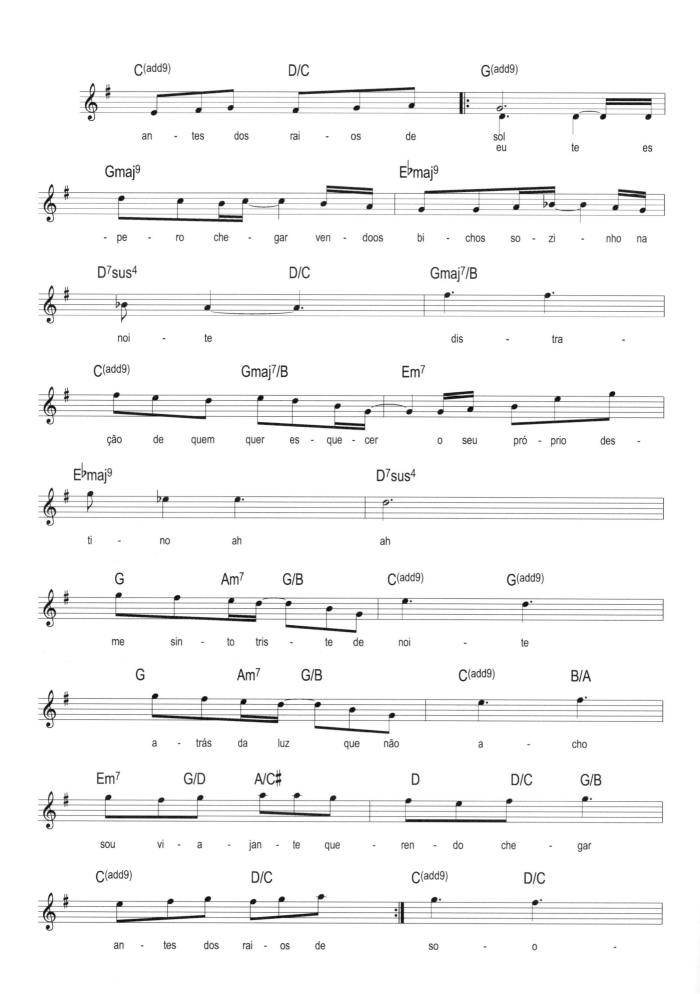

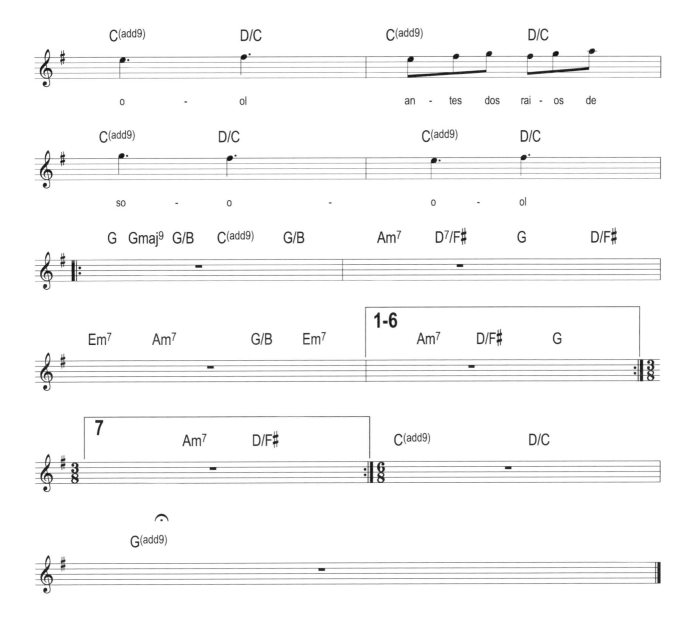

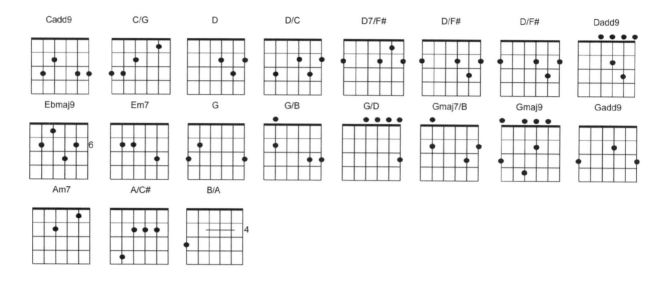

```
G    C/G G/B  Cadd9     C/G G    G    C/G G/B  Cadd9       C/G  G
As     cria.....turas da    noite num    vôo    calmo e pequeno

Em7      G/D A/C#    D     D/C G/B    G   C/G G/B Cadd9      C/G  G
Procuram  luz    aonde secar  o  peso  de tanto    sereno

G    C/G G/B  Cadd9     C/G G    G    C/G G/B  Cadd9       C/G  G
Os     habi.....tantes da    noite passam na   minha  varanda

Em7      G/D A/C#    D     D/C G/B    Cadd9      D/C       Gadd9
São    viajantes querendo chegar    antes dos raios de sol

Gadd9    Gmaj9             Ebmaj9         D7sus4  D/C
Eu te espero chegar vendo os bichos sozinho na noite

Gmaj7/B  Cadd9       Gmaj7/B    Em7           Ebmaj9       D7sus4
   Distração de quem quer esquecer o seu próprio destino       ah  ah

G     Am7  G/B     Cadd9 Gadd9  G    Am7  G/B    Cadd9 B/A
Me sinto   triste de    noite     atrás da luz que não  acho

Em7      G/D A/C#    D     D/C G/B    Cadd9      D/C      Cadd9 D/C Dadd9 D/C
Sou    viajante querendo chegar     antes dos raios de sol


G  Gmaj9  G/B  Cadd9  G/B  Am7  D7/F#  G  D/F#  Em7  Am7  G/B  Em7  Am7  D/F#  G
Cadd9  D/C  Gadd9
```

De sombra e sol

Flávio Venturini e Ronaldo Bastos

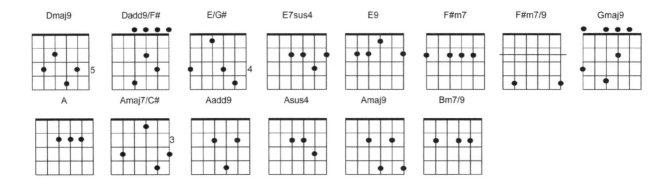

```
Aadd9                     F#m7/9              Dmaj9      Amaj7/C#  Bm7/9   E7sus4
Olha o céu pede pra chover e a gente se molhar    E depois seja bem-vindo o    sol

Aadd9                     F#m7/9              Dmaj9      Amaj7/C#  Bm7/9
Nunca mais venha mendigar uma ração de amor    Nem o amor vai tirar a paz

E7sus4     A       Amaj9          F#m7      F#m7/9      Dmaj9      Amaj7C#   Bm7/9
Abro os meus olhos devagar   sinto seu perfume me invadir    Olho pra você    e vejo o céu

E7sus4     A       Amaj9          F#m7      F#m7/9         Dmaj9      Amaj7/C#  Bm7/9  E7sus4
Quando nosso lábio se tocar vai ouvir no rádio alguém cantar    É sobre nós dois    essa    canção

Aadd9                     F#m7/9              Dmaj9      Amaj7/C#  Bm7/9   E7sus4
Olha o céu pede que o amor à vida dê razão     De viver a destilar o mel

Aadd9                     F#m7/9              Dmaj9      Amaj7/C#  Bm7/9
Olha o céu tudo que sonhar vai se tornar real    Nos caminhos de sombra e sol

E7sus4     A       Amaj9          F#m7      F#m7/9            Dmaj9      Amaj7C#   Bm7/9
Abro os meus olhos devagar sinto seu perfume me invadir    Olho pra você e vejo o céu

E7sus4     A       Amaj9          F#m7      F#m7/9            Dmaj9      Amaj7/C#  Bm7/9  E7sus4
Quando se espalhar na plantação olhos que são fonte são calor    Verdes que são meus do meu amor

Dmaj9  Eadd9  Amaj7/C# F#m7/9  Dmaj9  Eadd9  Amaj7/C# F#m7/9
Se viver for moer os grãos       celebrar o nascer do   sol

Dmaj9  Eadd9    Amaj7/C#  Bm7/9    E7sus4    Asus4  A  Asus4  A
Celebrar quando o sol se    põe    e a noite vem

Gmaj9  Dadd9/F#  Esus4  Eadd9  Dadd9/F#  E/G# Gmaj9  Dadd9/F#
Solo

E7sus4     A       Amaj9          F#m7      F#m7/9         Dmaj9      Amaj7C#   Bm7/9  E7sus4
Quando nosso lábio se tocar vai ouvir no rádio alguém cantar    É sobre nós dois    essa    canção

Dmaj9  Eadd9  Amaj7/C# F#m7/9  Dmaj9  Eadd9  Amaj7/C# F#m7/9
Se  viver for moer os  grãos       celebrar o nascer do   sol

Dmaj9  Eadd9    Amaj7/C#  Bm7/9    E7sus4    Asus4  A  Asus4  A
festejar  quando a chuva  cai       e traz o sol

F#m7/9        Bm7/9    E7sus4  F#m7/9      Bm7/9  E7sus4  F#m7/9          Bm7/9
Moer os grãos de sol       tecer manhãs de sol       brindar cada manhã

     E7sus4      Asus4  A  Asus4  A       Dmaj9  Eadd9     Amaj7/C#  F#m7/9  Dmaj9  Eadd9   Amaj7/C#  F#m7/9
O fim      da solidão           Guardar     os momentos  vãos    celebrar o nascer do   sol

Dmaj9  Eadd9    Amaj7/C#  Bm7/9    E7sus4    Asus4  A  Asus4  A
festejar  quando a chuva  cai       e traz o sol
```

Espanhola

Flávio Venturini e Guarabyra

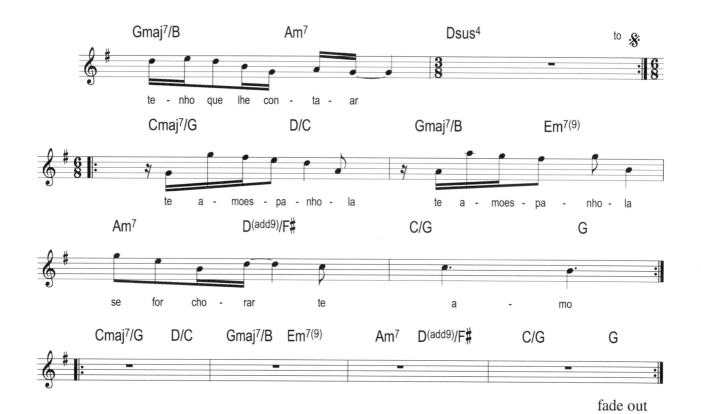

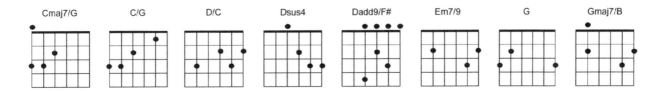

Cmaj7/G D/C Gmaj7/B Em7/9 Am7 Dadd9/F# C/G G

Cmaj7/G D/C   Gmaj7/B Em7/9 Am7   Dadd9/F# C/G G
Por   tantas   vezes   eu andei   mentindo

Cmaj7/G D/C   Gmaj7/B Em7/9 Am7   Dadd9/F#   C/G G
só   por não   poder   te   ver   chorando

Cmaj7/G   D/C   Gmaj7/B   Em7/9 Am7   Dadd9/F#   C/G G
     Te amo espanhola   te amo espanhola se for chorar   te   amo

G   Am7   Gmaj7/B Cmaj7/G   Gmaj7/B   Cmaj7/G
Sempre assim   cai a o dia e   é assim   cai a noite e é assim

         Gmaj7/B   Cmaj7/G   Gmaj7/B   Am7   Dsus4
essa lua sobre mim   essa fruta sobre o meu paladar

G   Am7   Gmaj7/B Cmaj7/G   Gmaj7/B   Cmaj7/G
nunca mais   quero ver você me olhar   sem me entender em mim

         Gmaj7/B   Cmaj7/G   Gmaj7/B   Am7   Dsus4
eu preciso lhe falar   eu preciso tenho que lhe   contar

Espelho das águas

Song Book Flávio Venturini \ Espelho das águas

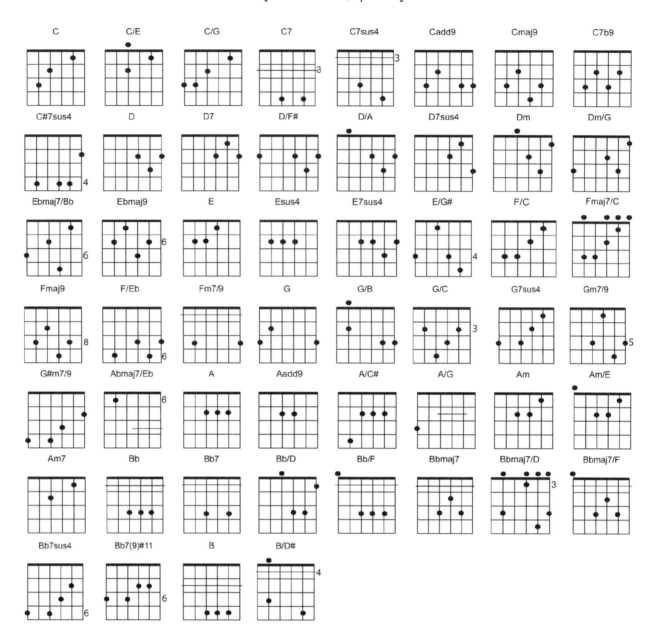

Fantasia barroca

Flávio Venturini

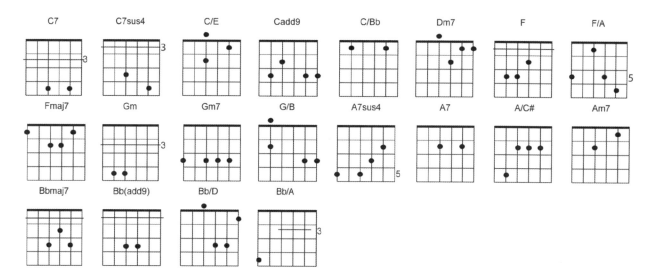

Fênix

Flávio Venturini e Jorge Vercillo

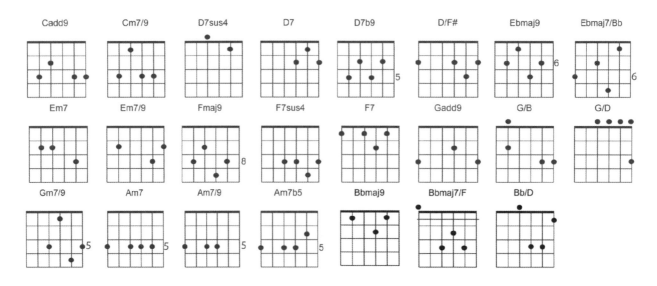

Em7 G/D Cadd9 G Am7 Em7 Fmaj9

Gadd9   D/F#   Em7 Em7/9 G/D   Cadd9   G/B   Am7/9 D7sus4 D7
Eu   prisioneiro meu descobri   no breu uma constelação

Gadd9   D/F#   Em7 Em7/9 G/D   Cadd9   G/B   Am7/9 D7sus4 D7
Céus   conheci os céus   pelos olhos seus véu de contemplação

Ebmaj7   Bb/D   Cm7/9   Ebmaj7/Bb Am7b5   D7b9   Gm7/9
Deus condenado eu fui   a forjar   o amor   no aço do rancor

Bbmaj7/F   Ebmaj9   Ebmaj9   Am7b5   D7
E assim   transpor as leis   mesquinhas dos mortais

Gadd9   D/F#   Em7 Em7/9 G/D   Cadd9   G/B   Am7/9 D7sus4 D7
Vou   entre a redenção   e   o esplendor   de por você viver

Ebmaj9   Bb/D Cm7/9   Ebmaj7/Bb Am7b5 D7b9   D7   Gm7/9
Sim   quis sair de mim esquecer   quem sou   e respirar por ti

 Bbmaj7/F   Ebmaj9   Am7b5   D7
E assim transpor as leis mesquinhas dos mortais

Gm7/9   Bbmaj7/F   Ebmaj9   Bb/D
   Agoniza virgem fênix o amor   entre cinzas arco-íris e esplendor

   Cm7/9   D7b9   Gm7/9
Por viver as juras de satisfazer o ego mortal

   Bbmaj7/F Ebmaj9   Bb/D Cm7/9 F7sus F7   Bbmaj9
Coisa pequenina centelha   divina   renascer das cinzas

       Ebmaj9   Bb/D Cm7/9 F7sus4 F7   Bbmaj7/F
Onde foi ruína pássaro ferido   hoje é paraíso

        Ebmaj9   Bb/D   Cm7/9 F7sus4 F7   Bbmaj9
Luz da minha vida   pedra de alquimia   tudo que eu queria

Ebmaj9   Am7b5 D7 Gadd9   D/F#   Em7
   Renascer das cinzas   quando o frio vem nos aquecer o coração

Em7/9   Em7   Em7/9 G/D   Cadd9
   Quando a noite faz nascer a luz da escuridão

          G/B   Am7/9   D7sus4 D7   Gadd9
E a dor revela a mais esplêndida emoção   O amor

Ebmaj9 Cm7/9 D7sus4 Gadd9

Fotografia de um amor

Flávio Venturini e Murilo Antunes

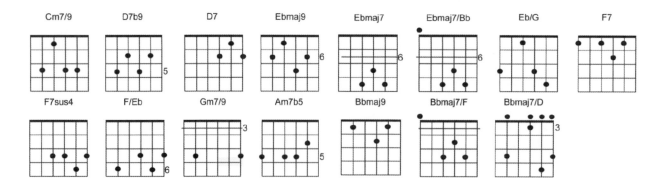

```
Gm9   Bbmaj7/F  Ebmaj9  Ebmaj7/D  Cm7/9  Ebmaj7/Bb  Am7b5  D7b9  Ebmaj9

Gm9           Cm7/9          F7sus4 F7     Bbmaj9       Ebmaj9 Ebmaj7/D
Nada é mais forte que um amor        que faz abrir o mar

      Cm7/9  Ebmaj7/Bb    Am7b5     D7b9         Gm7/9
E    une           corações    num só lugar

Gm7/9         Cm7/9         F7sus4 F7    Bbmaj9              F/Eb  Ebmaj7
Faz a  primavera ressurgir        o sal de todas estações

      Am7b5        D7b9     G7sus4  G7
E a vida se anuncia        plena


Gm7/9  Eb/G  G7sus4  Gm7/9 Gm7/9  Cm7/9   F7sus4 F7   Bbmaj9   Ebmaj9  Ebmaj7/D
Cm7/9  Ebmaj7/Bb Am7b5  D7b9  Gm7/9 Gm7/9  Cm7/9  F7sus4 F7  Bbmaj9  F/Eb  Ebmaj7
Am7b5  D7b9   G7sus4  G7  Ebmaj7/Bb  Bb/F  F7  Bbmaj7/F  Cm7/9  Bbmaj7/D  D7b9
Ebmaj7/Bb  Bbmaj7/F      D7b9   D7
Cm7/9  Ebmaj7/Bb  Am7b5  D7b9  Gm7/9 Gm7/9  Cm7/9  F7sus4 F7  Bbmaj9  F/Eb  Ebmaj7
Am7b5  D7b9  Ebmaj9  Ebmaj7/D  Cm7/9  Ebmaj7/Bb  Am7b5  D7b9

Gm7/9         Cm7/9          F7sus4 F7    Bbmaj9       Ebmaj9 Ebmaj7/D
Quando você me apareceu           a luz dos olhos teus

      Cm7/9 Ebmaj7/Bb      Am7b5      D7b9   Gm7/9
Brilhantes   de tão      branca  me cegou

Gm7/9     Cm7/9         F7sus4 F7    Bbmaj9        F/Eb  Ebmaj7
A fotografia de um amor        instantânea emoção

       Am7b5        D7b9       Ebmaj9
Que ficou no coração    pra sempre
```

Jardim das delícias

Flávio Venturini

Song Book Flávio Venturini \ Jardim das delicias

Linda juventude

Flávio Venturini e Márcio Borges

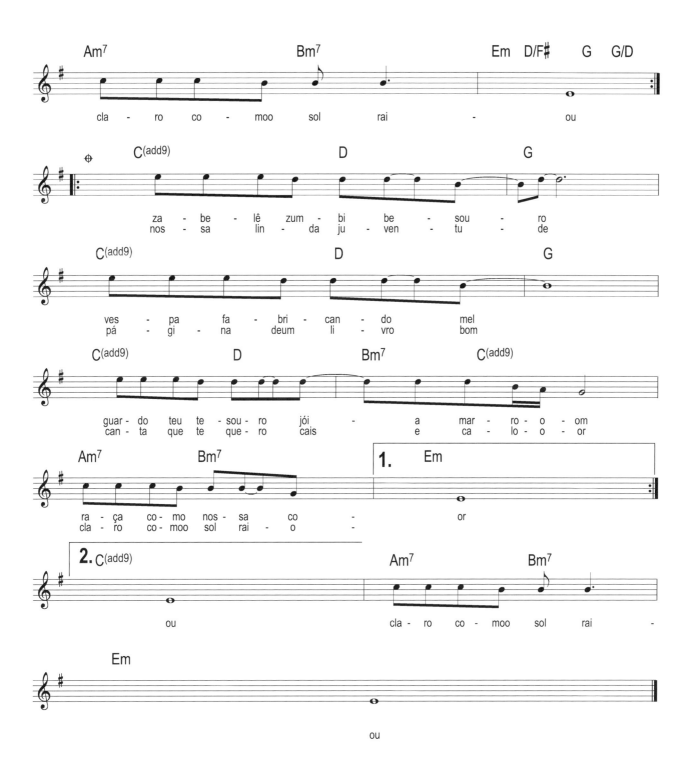

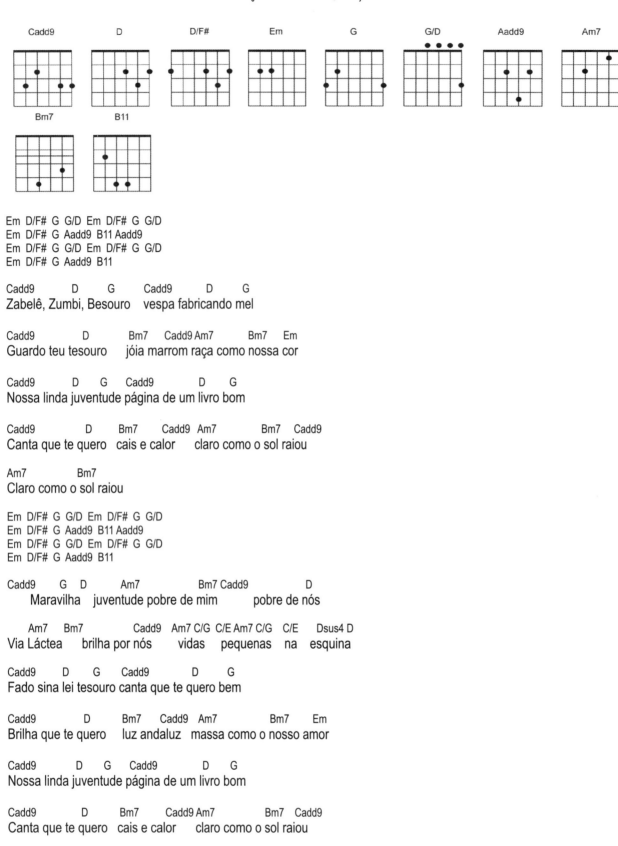

Em D/F# G G/D Em D/F# G G/D
Em D/F# G Aadd9 B11 Aadd9
Em D/F# G G/D Em D/F# G G/D
Em D/F# G Aadd9 B11

Cadd9   D   G   Cadd9   D   G
Zabelê, Zumbi, Besouro   vespa fabricando mel

Cadd9   D   Bm7   Cadd9 Am7   Bm7   Em
Guardo teu tesouro   jóia marrom raça como nossa cor

Cadd9   D   G   Cadd9   D   G
Nossa linda juventude página de um livro bom

Cadd9   D   Bm7   Cadd9 Am7   Bm7   Cadd9
Canta que te quero   cais e calor   claro como o sol raiou

Am7   Bm7
Claro como o sol raiou

Em D/F# G G/D Em D/F# G G/D
Em D/F# G Aadd9 B11 Aadd9
Em D/F# G G/D Em D/F# G G/D
Em D/F# G Aadd9 B11

Cadd9   G   D   Am7   Bm7 Cadd9   D
    Maravilha   juventude pobre de mim   pobre de nós

     Am7   Bm7   Cadd9   Am7 C/G C/E Am7 C/G   C/E   Dsus4 D
Via Láctea   brilha por nós   vidas   pequenas   na   esquina

Cadd9   D   G   Cadd9   D   G
Fado sina lei tesouro canta que te quero bem

Cadd9   D   Bm7   Cadd9 Am7   Bm7   Em
Brilha que te quero   luz andaluz massa como o nosso amor

Cadd9   D   G   Cadd9   D   G
Nossa linda juventude página de um livro bom

Cadd9   D   Bm7   Cadd9 Am7   Bm7   Cadd9
Canta que te quero   cais e calor   claro como o sol raiou

Am7   Bm7
Claro como o sol raiou

Lindo

Flávio Venturini

Song Book Flávio Venturini \ Lindo

to 𝄋 casa 2 e ⊕

C(add9)　　G/B　　Am7(9)　　D7/F#　　C/G　　G

C(add9)　　　　　　　　　　G

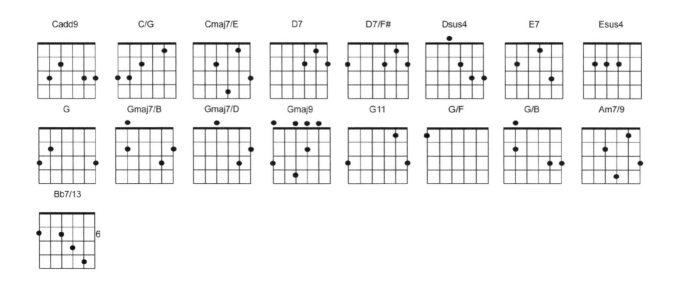

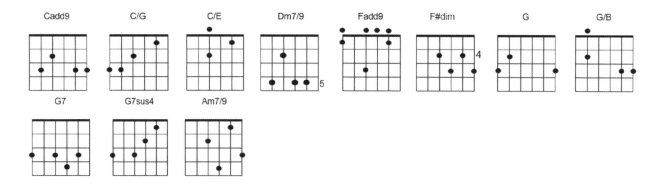

Cadd9 G/B Am7/9 Dm7/9 G7sus4 G7 C/E Fadd9 Dm7/9 C/G G

Cadd9 G/B Am7/9   Dm7/9   G7sus4 G7   C/E   Fadd9 Dm7/9 C/G G
Noite aqui   no calor do sol   o lugar mais distante dessa terra

Cadd9 G/B Am7/9   Dm7/9   G7sus4 G7   C/E   Fadd9 Dm7/9   C/G G
Quem virá   dar a luz á   luz   na canção que atravessa o mar de estrelas

 Fadd9 Dm7/9   C/G   Dm7/9 C/E Fadd9 F#dim C/G G
E vem   se aninhar onde a dor   jamais   penetra

Fadd9 Dm7/9   C/G   Dm7/9 C/E Fadd9 F#dim C/G G
         Onde estás   no silêncio das   fogueiras

solo
Cadd9 G/B Am7/9 Dm7/9 G7sus4 G7 C/E Fadd9 Dm7/9 C/G G

Cadd9 G/B Am7/9   Dm7/9   G7sus4 G7   C/E   Fadd9 Dm7/9 C/G G
Noite em mim longe de você   onde o sol se perdeu da primavera

Cadd9   G/B Am7/9   Dm7/9   G7sus4 G7   C/E   Fadd9   Dm7/9   C/G G
Quem virá   florescer a flor   um amor que atravessa a longa espera

 Fadd9 Dm7/9   C/G   Dm7/9 C/E Fadd9   F#dim C/G G
E vem   se revelar o que a dor   jamais   revela

Fadd9 Dm7/9   C/G   Dm7/9 C/E Fadd9   F#dim C/G G
Vem   me abraçar   onde a dor   jamais   penetra

     C/E Fadd9   Dm7/9 C/G G C/E   Fadd9   Dm7/9   C/G G
Pois o amor   é labirinto   de caminhos que se encontram 3x

       C/E Fadd9   Dm7/9 C/G G C/E   Fadd9   Dm7/9   C/G G F
  o amor   é labirinto   de caminhos que se encontrarão

         Dm7/9 C/E   Fadd9 F#dim C/G G Fadd9
       no silêncio   das   fogueiras

Luz viva

Flávio Venturini e Juca Filho

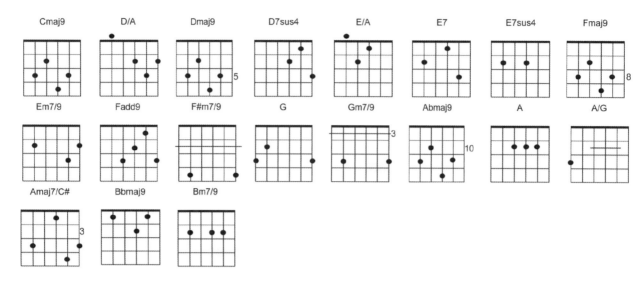

```
Fadd9  G/F Fadd9  Bm7/9  G A/G G  Fmaj9  Em7/9  Dmaj9  Cmaj9  Fmaj9  Em7/9
A   E/A D/A   E/A A    E/A D/A    E/A

A   E/A D/A   E/A        A    D/A  E/A D/A
Força    do desejo que vence  a    ilusão

      Amaj7/C#                  F#m7/9  Dmaj9  E7sus4  E7
Esperança que transforma a escuridão em luz        viva

A   E/A D/A   E/A         A   D/A  E/A  D/A
Expressão do amor que conduz  a    mutação

      Amaj7/C#              F#m7/9   Fmaj9  E7sus4  E7   Fmaj9
A vontade que liberta o coração do  medo e     da    dor

       Em7/9       Abmaj9      Gm7/9              Fmaj9
Chama divina que dá    a luz humana o dom de curar

       Em7/9       Abmaj9       Bbmaj9         D7sus4
Claro mistério do ser    todos os dias a renascer

E7sus4   A E/A D/A E/A     A  E/A D/A E/A    Amaj7/C#          F#m7/9
    Querer      é poder      é tornar todo milagre natural é

Dmaj9  E7sus4 E7   A E/A D/A E/A    A  E/A D/A E/A   Amaj7/C#            F#m7/9
dom    nosso  Deus     é aqui       muito    além de todo mal de todo bem

 Fmaj9  E7sus4 E7   Fmaj9       Em7/9      Abmaj9
É luz       viva em nós o sonho libertador

        Gm7/9          Fmaj9      Em7/9       Abmaj9
Mudando a vida do sonhador    clara certeza de amar

       Bbmaj9        D7sus4    E7sus4
Eternamente a se renovar

solo
A  E/A D/A  E/A A  D/A  E/A D/A  Amaj7/C#  F#m7/9  Dmaj9  E7sus4  E7
A  E/A D/A  E/A A  D/A  E/A D/A  Amaj7/C#  F#m7/9  Fmaj9  E7sus4  E7
```

Mais uma vez

Flávio Venturini e Renato Russo

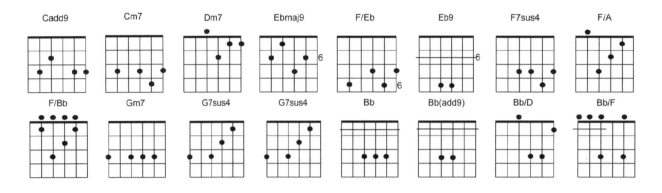

Bbadd9 F/A Gm7/9 Ebmaj9 Bb/D Cm7 F7sus4 Bbadd9

      Bbadd9   Cadd9
Mas é claro que o sol vai voltar amanhã

        Dm7   Gm7/9 Cm7 F7sus4   Bbadd9
Mais uma vez eu sei   escuridão já vi pior

        Cadd9   Dm7 Gm7/9 Cm7 F7sus4
De endoidecer gente sã espera que o sol já vem

Bb add9
    Tem gente que está do mesmo lado que você

               F/A Gm7/9   Bb/F
Mas deveria estar do lado de lá   tem gente que machuca os outros

Ebmaj9   Bb/D   Cm7   F7sus4   Bbadd9   F/A
   Tem gente que não   sabe amar   tem gente enganando a gente

Gm7/9   Bb/F Ebmaj9   Bb/D Cm7   F7sus4
   Veja nossa vida como está   mas eu sei que um dia a gente aprende

Bbadd9   Bb/F Gm7/9   Bb/F
   Se você quiser alguém em   quem confiar   confie em si mesmo

Ebadd9   Cm7   F7sus4 Bbadd9
   Quem acredita   sempre alcança

Bbadd9   F/A
   Nunca deixe que lhe digam   que não vale a pena acreditar no sonho que se tem

Gm7/9   Bb/F Ebadd9   Bb/D Cm7   F7sus4
   Ou que seus planos nunca vão dar certo   ou que você nunca vai ser alguém

Bbadd9
   Tem gente enganando a gente

Gm7/9   Bb/F
   Veja nossa vida como está

Ebmaj9   Bb/D   Cm7   F7sus4
   mas eu sei que um dia a gente aprende

Bbadd9   Bb/F Gm7/9   Bb/F
   Se você quiser alguém em   quem confiar   confie em si mesmo

Ebadd9   Cm7   F7sus4 Bbadd9
   Quem acredita sempre alcança

Mantra da criação

Flávio Venturini e Ronaldo Bastos

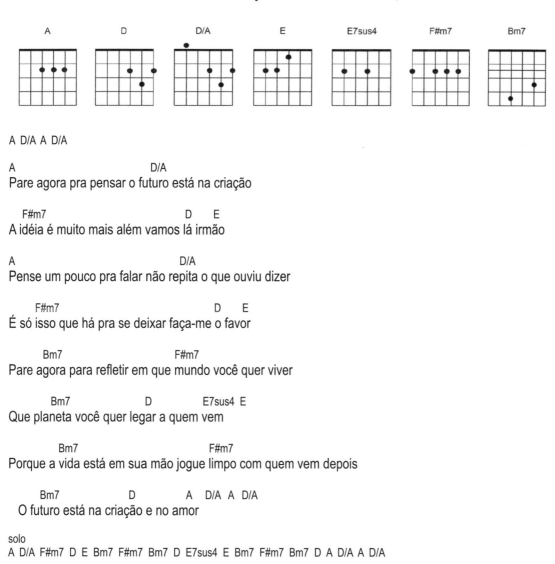

A D/A A D/A

A   D/A
Pare agora pra pensar o futuro está na criação

 F#m7   D E
A idéia é muito mais além vamos lá irmão

A   D/A
Pense um pouco pra falar não repita o que ouviu dizer

 F#m7   D E
É só isso que há pra se deixar faça-me o favor

 Bm7   F#m7
Pare agora para refletir em que mundo você quer viver

 Bm7   D E7sus4 E
Que planeta você quer legar a quem vem

 Bm7   F#m7
Porque a vida está em sua mão jogue limpo com quem vem depois

 Bm7   D A D/A A D/A
O futuro está na criação e no amor

solo
A D/A F#m7 D E Bm7 F#m7 Bm7 D E7sus4 E Bm7 F#m7 Bm7 D A D/A A D/A

Final
A D/A A D/A A

Máquina do tempo

Aggeu Marques

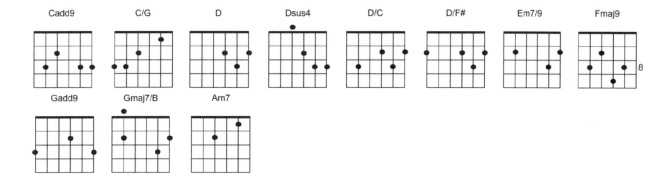

Gadd9　　　　　　　C/G
Finjo não saber que o tempo passa logo

Gadd9　　　　　　　C/G
Finjo pra tentar conter a minha dor

Em7(9)　　　　　　Cadd9
Finjo não notar, mas toda noite choro

Gadd9　　　　　　　C/G
Choro de saudade do que já se foi

Gadd9　　　　　　　C/G
Ah,que bom seria se o tempo voltasse

Gadd9　　　　　　　C/G
Pra fazer tudo de novo, meu amor

Em7(9)　　　　　　Cadd9
É como se a vida nunca acabasse

Gadd9　　　　　　　C/G
Reviver os passos seja como for

D/C　　　　Gmaj7/B
Lembrar do que foi bom

　　　　　Am7　　　　　　　C/G　　　　D/F#
Mas também quero tropeçar nas mesmas pedras do caminho

　　Am7　　　　　　　　C/G　　　　D
Refazer a mesma rota que o meu coração traçou

D/C　　　Gadd9　　Am7
Deixa eu voltar, quero voltar

　　　　　Gmaj7/B　　　　　Cadd9　　Dsus4　Gadd9
Entrar na máquina do tempo é　só　ilusão, eu sei

　　　　　Am7　　　　Gmaj7/B　　　　　Cadd9　　　Dsus4　Gadd9
Quero voltar, quero viver o mesmo sonho e de novo encontrar você

Am7　Gmaj7/B　Cadd9　Dsus4

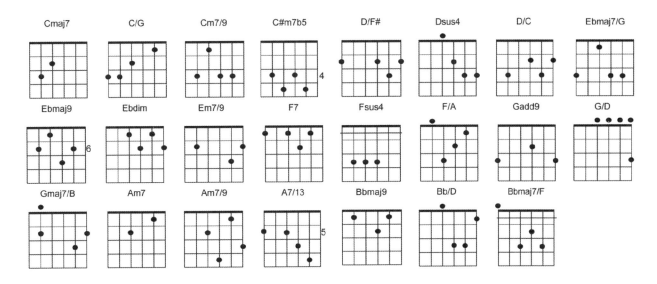

```
Gadd9  C/G  Gadd9  C/G
Gadd9  C/G    Gadd9    C/G       Gmaj7/B        Am7
Irei    já  vou  pra tudo decifrar   irei pra no teu colo

Dsus4          Gadd9    C/G   Gadd9
     me desfalecer de amor

     C/G     Gadd9      C/G      Gmaj7/B       Am7
Serei    já sou    o que  esperas de mim    preciso merecer

               Dsus4    Gadd9    D/F#
Tu me chamaste assim      xamã      xamã

Em7/9       Ebdim    G/D    C#m7b5    Cmaj7
E minha vida entrego a ti   espírito de  luz

    Gmaj7/B    Am7        Dsus4   Gadd9
Alma gêmea da paz venho em ti descansar

Solo
C/G  Gadd9  Ebmaj7/G  Fsus4  F7  Bbmaj9  F/A  Ebmaj7/G  Bbmaj7/F  Ebmaj9  Bb/D  Cm7/9
Fsus4  F7  Bbmaj9  F/A  Em7/9  Am7/9  Dsus4  D/C  Gmaj7/B  Em7/9  A7/13  Am7/9  Dsus4  Gadd9

Gadd9  C/G    Gadd9        C/G       Gmaj7/B
     Um dia alguém  tocou meu ombro e amou

       Am7      Dsus4   Gadd9    C/G    Gadd9
Soou aos quatro ventos     dizendo tu és   xamã

C/G   Gadd9         C/G                 Gmaj7/B
   xamã      o canto dessa aurora me aproximou da luz

           Am7        Dsus4  Gadd9  D/F#
Nos junta para sempre devemos viajar

Em7/9       Ebdim   G/D  C#m7b5  Cmaj7
   A minha vida entrego a ti espírito de luz

    Gmaj7/B      Am7       Dsus4
venho já pra cantar      o céu

Gadd9        C/G    Gadd9       C/G
Som do alertar    som de curar
```

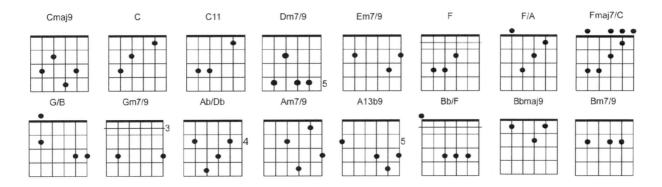

Dm7/9 Em7/9 Bm7/9 Bbmaj9 Bm7/9 Bbmaj9 Am7/9 Ab/Db C11 C

  Bb/F F   Em7/9 A13/b9
Clareia   manhã

  Dm7/9 Fmaj7/C Bbmaj9 Gm7/9 Em7/9 A13b9
O sol vai   esconder a   clara   estrela

  Dm7/9 Fmaj7/C Bbmaj9 F/A Gm7/9 F/A Bbmaj9 G/B   Fmaj7/C Cmaj9
  Ardente   pérola do céu refletindo   seus   olhos

  Dm7/9 Fmaj7/C   Bbmaj9 Gm7/9   Em7 A13b9   Dm7/9 Fmaj7/C
A luz do dia   a   contemplar teu corpo   sedento

Bbmaj9 F/A   Gm7/9 F/A   Bbmaj9 G/B   Fmaj7/C Cmaj9   Fmaj7/C Cmaj9
Louco de   prazer   e   desejos   ardentes

No cabaret da sereia

Flávio Venturini e Alexandre Blasifera

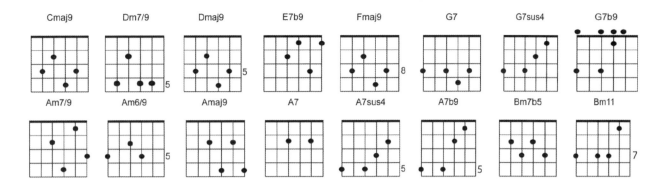

Bm11 E7b9 Am7/9 Am6/9

Bm11　　　E7b9　　Am7/9　Am6/9 Bm11　　　E7b9　　Am7/9　Am6/9
　Espuma no ar　réveillon　　　tão misteriosa canção

Bm11　　　　E7b9　　Am7/9　　Am6/9 Bm11　　E7b9　　Am7/9　Am6/9
　O tempo passou　pelo meu coração　　estrela do mar　solidão

Bm11　　　　E7b9　　　Am7/9　　　Am6/9
　Um barco　sangrando no cais　　a terra rodando prá trás

Dm7/9　　G7sus4　　G7(b9)13　Cmaj9
　me deu　　vontade de encontrar você

Bm11　　　E7b9　　　Am7/9　　　Am6/9　　Dm7/9
　Queria gritar mas lembrei　que ali era praia de pescador

G7sus4　G7(b9)13　Cmaj9　　　　　Bm11　E7b9　　Am7/9　Am6/9
　Ah　meu amor se eu pudesse caminhar no azul do mar

Bm11　　　E7b9　　Amaj9
　Nunca mais voltar

　　　　A7sus4　A7　Dmaj9　　　Dm7/9　　G7　Cmaj9
Faria uma casa pra　morar daria um beijo　no luar

　　　　Fmaj9　　Bm11　　E7b9　　Amaj9　　　A7sus4　A7　　Dmaj9
Iria cantar no cabaret　　da sereia　　　pescava na sala de　jantar

　　　　G7sus4　　G7　　Cmaj9　　　Fmaj9　　　Bm11　　E7b9
Deixava o vento me　levar　　a noite chegou eu acordei　　na areia

Fmaj9　　　　　　　Bm11　E7b9
　Se eu pudesse caminhar

Final
Fmaj9　　　Bm7b5　E7b9　A7sus4　A7b9　Dm7/9　G7sus4　G7(b9)13　Cmaj9
　Na areia

C7sus4　　　　　　　Bm11　　E7b9　　Am7/9 Am6/9
　Se eu pudesse caminhar　no azul do mar

Bm11　　　E7b9　　Fmaj9
　nunca mais　voltar

Noites com sol

Flávio Venturini e Ronaldo Bastos

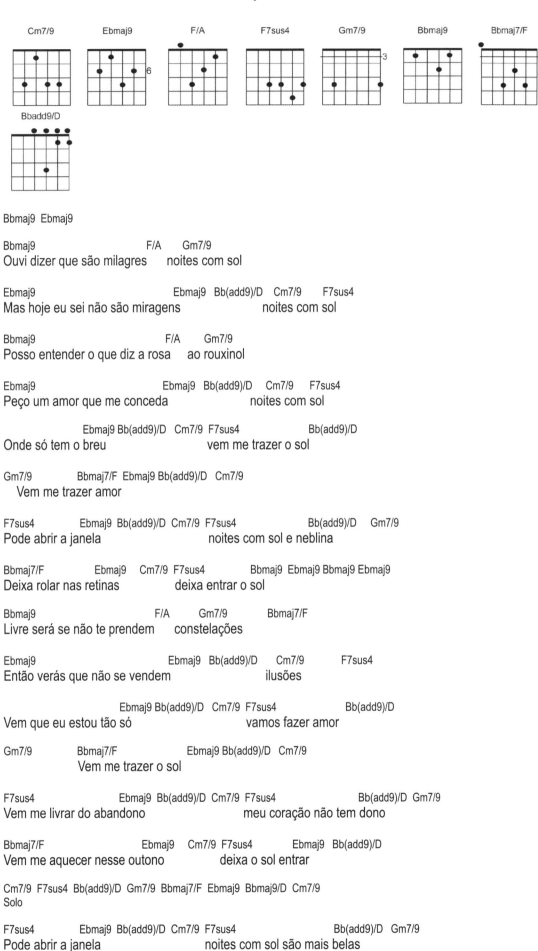

Bbmaj9   Ebmaj9

Bbmaj9   F/A   Gm7/9
Ouvi dizer que são milagres   noites com sol

Ebmaj9   Ebmaj9 Bb(add9)/D   Cm7/9   F7sus4
Mas hoje eu sei não são miragens   noites com sol

Bbmaj9   F/A   Gm7/9
Posso entender o que diz a rosa   ao rouxinol

Ebmaj9   Ebmaj9 Bb(add9)/D   Cm7/9   F7sus4
Peço um amor que me conceda   noites com sol

              Ebmaj9 Bb(add9)/D   Cm7/9   F7sus4   Bb(add9)/D
Onde só tem o breu   vem me trazer o sol

Gm7/9   Bbmaj7/F Ebmaj9 Bb(add9)/D   Cm7/9
    Vem me trazer amor

F7sus4   Ebmaj9 Bb(add9)/D Cm7/9   F7sus4   Bb(add9)/D   Gm7/9
Pode abrir a janela   noites com sol e neblina

Bbmaj7/F   Ebmaj9   Cm7/9 F7sus4   Bbmaj9 Ebmaj9 Bbmaj9 Ebmaj9
Deixa rolar nas retinas   deixa entrar o sol

Bbmaj9   F/A   Gm7/9   Bbmaj7/F
Livre será se não te prendem   constelações

Ebmaj9   Ebmaj9 Bb(add9)/D   Cm7/9   F7sus4
Então verás que não se vendem   ilusões

               Ebmaj9 Bb(add9)/D   Cm7/9   F7sus4   Bb(add9)/D
Vem que eu estou tão só   vamos fazer amor

Gm7/9   Bbmaj7/F   Ebmaj9 Bb(add9)/D   Cm7/9
    Vem me trazer o sol

F7sus4   Ebmaj9 Bb(add9)/D Cm7/9   F7sus4   Bb(add9)/D Gm7/9
Vem me livrar do abandono   meu coração não tem dono

Bbmaj7/F   Ebmaj9   Cm7/9 F7sus4   Ebmaj9 Bb(add9)/D
Vem me aquecer nesse outono   deixa o sol entrar

Cm7/9   F7sus4   Bb(add9)/D Gm7/9   Bbmaj7/F Ebmaj9 Bbmaj9/D Cm7/9
Solo

F7sus4   Ebmaj9 Bb(add9)/D Cm7/9   F7sus4   Bb(add9)/D Gm7/9
Pode abrir a janela   noites com sol são mais belas

Bbmaj7/F   Ebmaj9   Cm7/9 F7sus4   Bbmaj9 Ebmaj9 Bbmaj9 Ebmaj9
Certas canções são eternas   deixa o sol entrar

Noites de junho

Flávio Venturini e Tavinho Moura

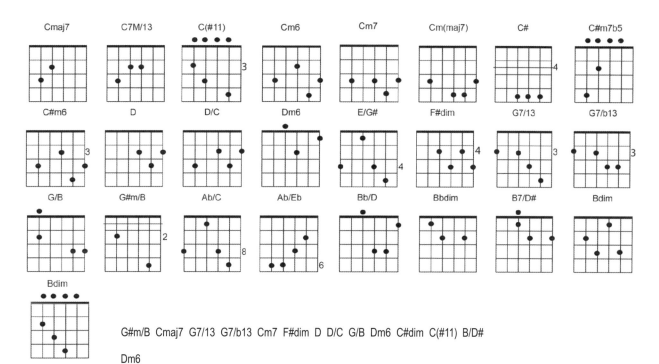

G#m/B Cmaj7 G7/13 G7/b13 Cm7 F#dim D D/C G/B Dm6 C#dim C(#11) B/D#
Dm6

Bdim Cmaj7/13   Bbdim G/B   D   D/C   G/B Dm6
Se você tivesse   entrado na minha vida de outra maneira

    Cm7   E/G#   C# Bdim D   D/C   G/B Dm6
Deixando a porta aberta   e a luz da sala acesa

Bb/D   Bdim   Ab/C G#m/B   Cmaj7 G7/13 G7/b13 Cm7 F#dim
Como se gostar fosse seu nome   o tempo e o   modo do verbo

   D D/C   G/B Dm6   Bdim Cmaj7/13 C#m7b5   Cm6
Da lenha queimando na fogueira   e nesse dia

     C(#11)   B7/D# Dm6   Cm7   E/G#   C# Bdim
Para sempre meu   seria   esses dois olhos claros

Ab/C   C#m6   Ab/C Ab/Eb Bb/D   Bdim   Ab/C G#m/B Cmaj7
Que tem das noites de junho   o brilho de todas as estrelas

G7/13 G7/b13

    Cm7   F#dim   D D/C G/B   Dm6 C#m7b5   C(#11)   B7/D# Dm6
Porque seu nome quer dizer príncipe   mas eu nunca serei sua princesa

       Cm(maj7)   G/B   Cmaj7/13   Bbdim
Eu cheguei na hora incerta bati na porta errada

Bb/D   Bdim   Ab/C C#m6 Ab/C Bb/D   Bdim   Ab/C G#m/B Cmaj7
E não adiantou de nada confessar   o meu amor da vida inteira

G7/13 G7/b13 Cm7 F#dim D D/C G/B Dm6 Bdim Cmaj7/13

  C#m7b5 Cm6   C(#11)   B7/D#
E hoje   quando finge que não me conhece

    G/B   D/C   C#m7b5 G/F
Você parece mais aquela   estrela

    Cm7   E/G#   C# Bdim Ab/C   C#m6   Ab/C Ab/Eb Bb/D
Que brilha como duas no frio das noites de junho

       Bdim   Ab/C C#m6Ab/C
E no meu peito acende a   fogueira

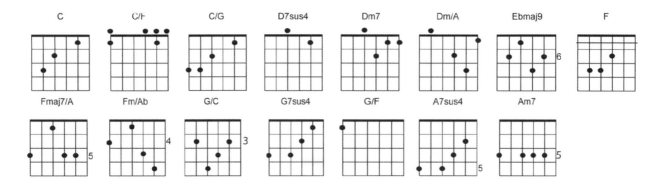

G/C C G/C C A7sus4 Am7 A7sus4 Am7 C/F F G7sus4 G/D C G7sus4

G/C C   G/C C   G/C C   G/C C   C/F F C/F F   D7sus4 Dm7   C/G
Nuvens   vão as nuvens   as imagens   que eu guardei   pra mim

G7sus4 G/C C G/C   C   A7sus4 Am7 A7sus4 Am7   G/F C/F G7sus4
Nuvens claras   sentimentos   transparentes

              G/C C   G/C C
Ondas de emoção Ondas

         G/C   C   G/C C   C/F F C/F F   D7sus4 Dm7   C/G
Som das ondas   carruagens pelo   mar sem fim

G7sus4 G/C   C G/C C   A7sus4 Am7 A7sus4 Am7
São   viagens   são   momentos

        Dm/A Fmaj7/A Fm/Ab   G7sus4   C
Que   passaram   e que não passarão

||:G/C C G/C C :||: C/F F :|| D7sus4 Dm7   C/G G7sus4 ||: G/C   C :||: A7sus4 Am7 :|| G/F C/F G7sus4
"As minhas canções inacabadas vão ficar como folhas no vento
Cruzes na beira da estrada quando cessar em mim a energia o movimento
Mais do que cruzes, pousada mais do que abrigo, alimento
De uma aventura desenfreada da minha breve estrada
São os melhores momentos viajante, não lhes peça nada
Além de esperança e alento são folhas, são cadernos, são palavras
São indecifráveis madrugadas deixe-as seguir no vento"

G/C C   G/C C   G/C C   G/C C   C/F F C/F F   D7sus4 Dm7   C/G
Fontes   são teus olhos   diamante que eu   sonhei   pra   mim

         G7sus4 G/C C G/C   C   A7sus4 Am7 A7sus4 Am7 G/F C/F G7sus4
Mas são nuvens   vão no   vento   diferentes

              G/C C   G/C C   G/C C   G/C C
Os nomes da paixão nomes   de pessoas

        C/F F C/F F   D7sus4 Dm7   C/G
nas esquinas   dos amores vãos

G7sus4 G/C C G/C C   A7sus4 Am7 A7sus4 Am7
Vão ciganos   nuvens claras

        Dm/A Fmaj7/A Fm/Ab G7sus4   G/ C C
Que   passaram   e que não passarão

A7sus4   Am7   C/F   G7sus4   G/C C
Tudo que faz o amor valer faço virar canção

A7sus4   Am7   C/F   G7sus4   Ebmaj9
Se você nem quiser me ver faço você cantar

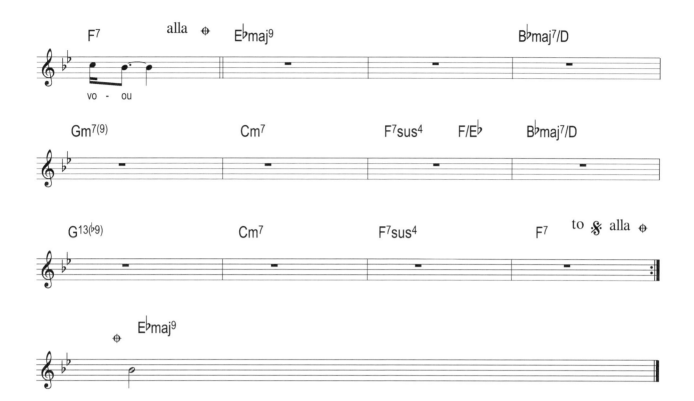

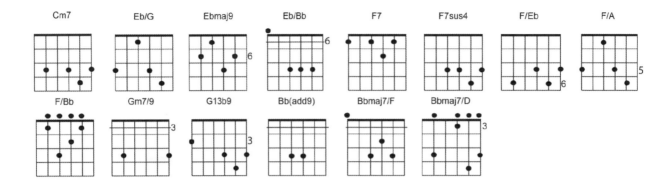

Bbadd9 F/A   Eb/G   Bbmaj7/F F/Eb   Bbmaj7/D Gm7/9
   Lia   sorte e pensamento   traduzia   sonhos

Cm7   F7sus4   F7   Bbadd9 Eb/Bb F/Bb
Viajava em mais de mil direções

Bbadd9 F/A   Eb/G   Bbmaj7/F F/Eb   Bbmaj7/D Gm7/9
   Via cores no movimento   conduzia   seu   tempo

Cm7   F7sus4   F7   Bbadd9 Eb/Bb   F/Bb   Bbmaj7/D Gm7/9
Decifrava   gestos e intenções   é   magia

Cm7   F7sus4   F/Eb Bbmaj7/D Gm7/9   Cm7   F7sus4 F/Eb Bbmaj7/D Gm7/9
Elo   que nos   une   almas se entrelaçam

Cm7   F7sus4 F7   Bbadd9 Eb/Bb   F/Bb   Bbmaj7/D Gm7/9
Escrevendo   rimas   pelo céu   é   sintonia

Cm7 F7sus4   F/Eb Bbmaj7/D Gm7/9   Cm7   F7sus4   F/Eb Bbmaj7/D Gm7/9
Eco   de   mensagens   notas que se   espaçam

Cm7   F7sus4   F7   Ebmaj9
Dando vida a histórias   de papel

Ebmaj9   Bbmaj7/D   Gm7/9   Cm7   F7   Ebmaj9
Lança no ar   o acorde que agasalha a voz e a emoção de um cantor

Ebmaj9   Bbmaj7/D   Gm7/9   Cm7   F7   Ebmaj9
Alçar no ar   o amor que acompanha o vôo e o coração de um cantor

Ebmaj9   Bbmaj7/D   Gm7/9   Cm7   F7
eu vou levar   a personagem principal   em minhas mãos   e me levou

Ebmaj9 Bbmaj7/D Gm7/9 Cm7 F7sus4 F/Eb Bbamj7/D G13b9 Cm7 F7sus4 F7

Final
Ebmaj9

Pensando em você

Flávio Venturini e Kimura

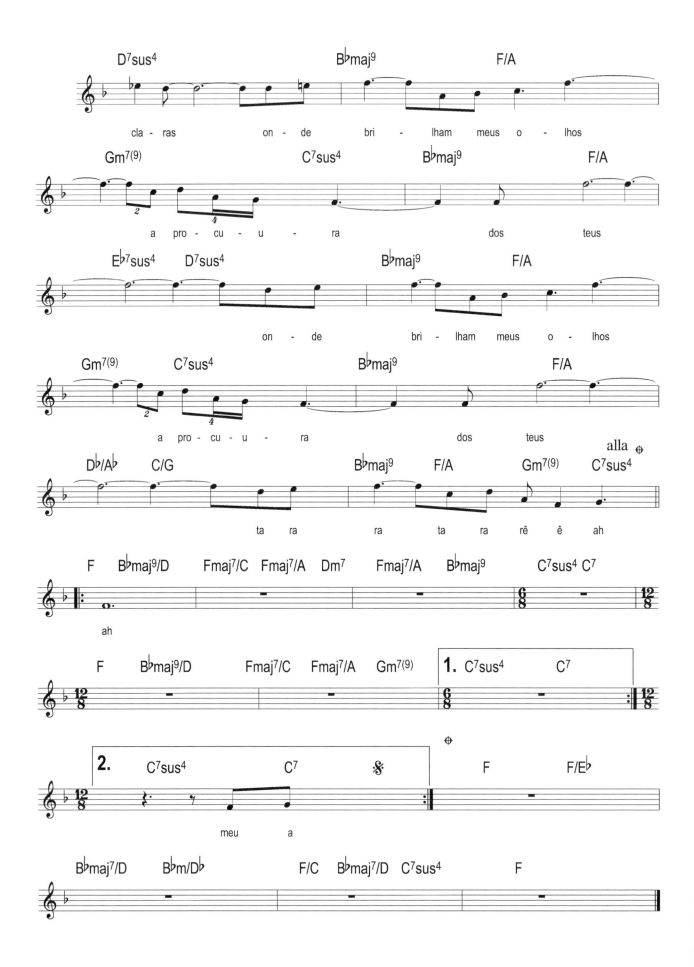

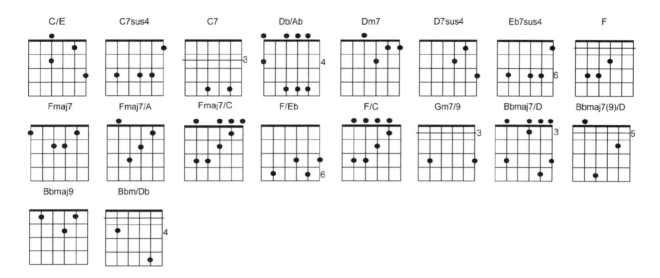

F Bbmaj7(9)/D Fmaj7/C Fmaj7/A Dm7 Fmaj7/A Bbmaj9
C7sus4 C7 F Bbmaj7(9)/D Fmaj7/C Fmaj7/A Gm7/9 C7sus4

```
         F         Fmaj7
Meu amor, minha flor

         F     C/E      Dm7    Gm7/9      C7
Eu preciso estar perto de você a   todo momento

      Gm7/9             C7         D7sus4
Eu já não aguento mais essa solidão    esse tormento

         Bbmaj9          Bm7b5    Fmaj7/C F   F/Eb      D7sus4
Mas no fundo bem fundo a saída é um poço        de águas claras

         Bbmaj9      F/A   Gm7/9     C7sus4 Bbmaj9    F/A  Eb7sus4  D7sus4
Onde brilham meus olhos     a procura          dos teus

         Bbmaj9      F/A   Gm7/9     C7sus4 Bbmaj9    F/A  Db/Ab  C/G
Onde brilham meus olhos     a procura          dos teus

         Bbmaj9 F/A      Gm7/9   C7sus4   F  Bbmaj7(9)/D  Fmaj7/C  Fmaj7/A
Ta  ra ra       ta ra rê ê     an     na
```

Dm7 Fmaj7/A Bbmaj9 C7sus4 C7 F Bbmaj7(9)/D Fmaj7/C Fmaj7/A Gm7/9 C7sus4

Final
F F/Eb Bbmaj7/D Bbm/Db F/C Bbmaj7/D C7sus4 F

Pequenas maravilhas

Flávio Venturini e Ronaldo Bastos

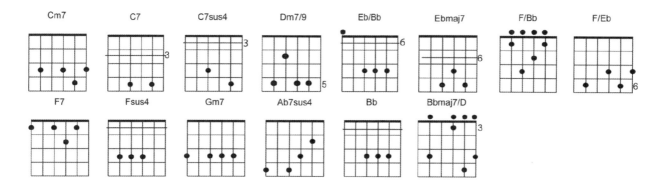

Bb Cm7 Bbmaj7/D Eb/Bb F/Bb Bb Eb/Bb F/Bb Bb Ebmaj7 Ab7sus4 Gm7 C7 Fsus4 F7

```
     Bb   Cm7    Bbmaj7/D   Eb/Bb  F/Bb  Bb    Eb/Bb  F/Bb   Bb    Ebmaj7     Ab7sus4
Se era uma     vez  castelos  de papel  gnomos  e  cristais motivos de canções
```

```
    Gm7        C7        Fsus4 F7
Decerto são pequenas maravilhas
```

```
     Bb    Cm7   Bbmaj7/D   Eb/Bb F/Bb  Bb    Eb/Bb  F/Bb   Bb       Emaj7       Ab7sus4
Duendes brincalhões e  desanoiteceu na saga  dos anões  na luz de cada olhar
```

```
    Gm7        C7        Fsus4 F7
na trilha das formigas nas estrelas
```

```
        Ebmaj7  Bbmaj7/D      Cm7          Fsus4  F7
Em cada amor   quem descobrir tamanha grandeza
```

```
   Ebmaj7  Bbmaj7/D       Cm7         Fsus4   F7
Verá  a     tribo a dançar o rito da chuva
```

```
    Ebmaj7  Bbmaj7/D        Cm7         Fsus4   F7
Será  a    festa da terra a nova semente
```

```
  Bb   Cm7   Bbmaj7/D    Eb/Bb  F/Bb  Bb    Eb/Bb  F/Bb   Bb       Emaj7       Ab7sus4
Folhas pelo chão o   branco   algodão as lágrimas de amor as pérolas marfim
```

```
    Gm7        C7        Fsus4 F7
Os frutos da suprema natureza
```

```
  Bb Cm7 Bbmaj7/D    Eb/Bb F/Bb  Bb    Eb/Bb  F/Bb   Bb     Emaj7      Ab7sus4
O raio multicor um    feixe  de luar lembranças e quintais e tudo que sonhar
```

```
    Gm7        C7        Fsus4 F7         Ebmaj7
Aviva o país das maravilhas    e amanheceu
```

```
  Bbmaj7/D       Cm7        Fsus4   F7
Cigarras e flores, contos de fada
```

```
    Ebmaj7  Bbmaj7/D        Cm7          Fsus4   F7
Não  há   um bem    maior que a pequena criança
```

||:Ebmaj7 Dm7/9 Cm7 F7sus4 F7 :|| 3x

Bb Cm7 Bbmaj7/D Eb/Bb F/Bb Bb Ebmaj7 Ab7sus4 Gm7 C7sus4 C Fsus4 F7

Bb Ebmaj7 Ab7sus4 Gm7 Cm7 Fsus4 F7 Bbmaj7/D Gm7 Cm7 Fsus4 F7 F/A Cm7 Fsus4 Bb

Pierrot

Flávio Venturini e Ronaldo Bastos

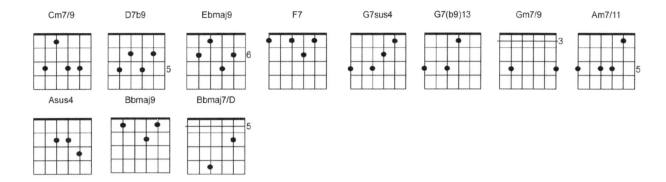

Cm7/9 F7 Bbmaj9 Ebmaj9 Am11 D7b9 Gm7/9

      Cm7/9 F7   Bbmaj9 Ebmaj9
No carnaval   se a gente quer

    Am11   D7b9   Gm7/9
Pierrot vira anjo fantasia de papel

      Cm7/9 F7   Bbmaj9 Ebmaj9
Se eu chorei   não foi em vão

    Am11   D7b9   Gm7/9
Pierrot quando chora é sinal de solidão

Ebmaj9   Cm7/9 F7   Bbmaj9 Ebmaj9
Foi no carnaval   me apaixonei

      Cm7/9 D7b9   G7sus4 G13b9 Ebmaj9   Cm7/9 F7   Bbmaj9 Ebmaj9
Madrugada caiu do céu   o vento levou   meu tamborim

      Cm7/9 D7b9   Gm7/9
Batucada calou calou

Gm7/9 Bbmaj7/D Gm9 Asus4 Gm7/9

Planeta sonho

Flávio Venturini, Márcio Borges e Vermelho

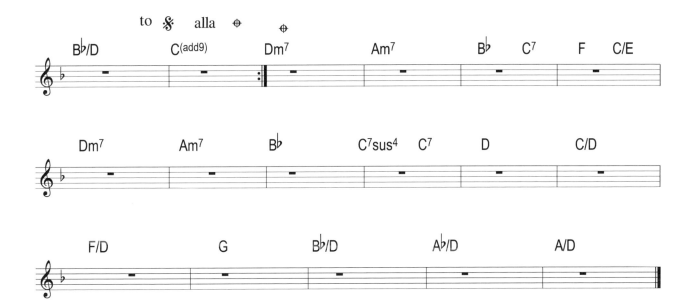

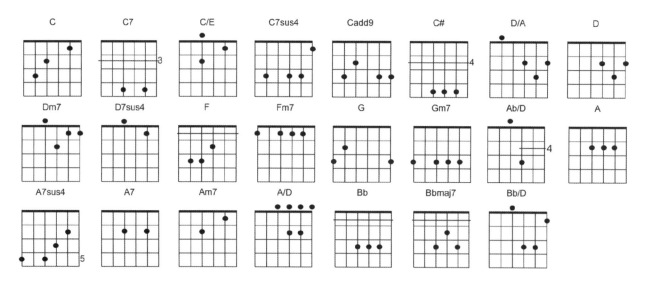

Dm7 Am7 Bb C7 F C/E Dm7 Am7 Bb C7sus4 C7 Dm7 Am7 Bb C7sus4 C7 D Bb F C/E Dm7 A/C# Bbmaj7 F C/E

Dm7   Am7   Bb   C7   Dm7 Bb   F   C/E   Dm7   A/C#
Aqui ninguém mais ficará depois do sol   no final será o que não sei mas será

Bb   F   Bb   F   Gm7   C7   F
Tudo demais nem o bem nem o mal só o brilho calmo dessa luz

Bb   A7   Dm7 Cadd9   F   A7   Dm7 Cadd9
O planeta calma será   Terra   o planeta sonho será Terra

F   Gm7   Am7   Dm7 Am7   Gm7
E lá no fim daquele mar a minha estrela vai se apagar

            C7 Gm7   C7 Dm7   Am7   Bb   C7 Dm7
Como brilhou fogo solto no caos   aqui também é bom lugar de se viver

Bb   F   C/E   Dm7   A/C# Bb   F   Bb   F
Bom lugar será o que não sei mas será   algo a fazer bem melhor que a canção

Gm7   C7   F   Bb   A7   Dm7 Cadd9
Mais bonita que alguém lembrar a harmonia será   Terra

F   A7   Dm7 Cadd9
 A dissonância   será   bela

F   Gm7   Am7   Dm7 Am7   Gm7
 E lá no fim daquele azul os meus acordes vão terminar

            C7 Gm7   C7
Não haverá   outro som pelo ar

F   A7   Dm7 Cadd9 F   A7   Dm7 Cadd9
O planeta sonho será   Terra   a dissonância será   bela

F   Gm7   Am7   Dm7 Am7   Gm7
 E lá no fim daquele mar a minha estrela vai se apagar

            C7 Gm7   C7
Como brilhou   fogo solto no caos

A A7sus4 A A7sus4

Dm7 Am7 Bb C7 F C/E Dm7 Am7 Bb C7sus4 C7 Dm7 Am7 Bb C7sus4 C7 Fm7 C# Gm7 Bb/F C/E Bb/D Cadd9 F A7 Dm7 Cadd9 F A7 Dm7 Cadd9 F Gm7 Am7 Dm7 Am7 Gm7 C7 Gm7 C7 Dm7 Am7 Bb C7 F C/E Dm7 Am7 Bb C7sus4 C7 D D7sus4 Dm7 G Bb/D Ab/D A/D

Princesa

Flávio Venturini e Ronaldo Bastos

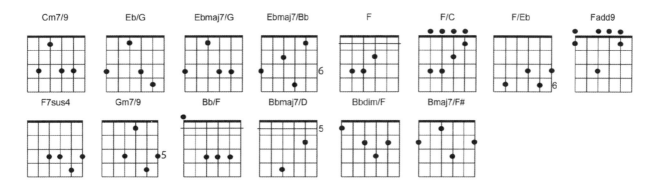

F Eb/G F/C Ebmaj7/Bb Bbmaj7/D Ebmaj7/Bb Bbmaj7/D F Eb/G F/C Ebmaj7/Bb Bbmaj7/D Gm7/9 Bmaj7/F# Bbm7/9 Eb7sus4

Ebmaj7/Bb   Bbmaj7/D   Ebmaj7/Bb   Bbmaj7/D F Eb/G F/C
    Vale tentar viver   tudo de mais

Ebmaj7/Bb   Bbmaj7/D   Gm7/9   Bmaj7/F#   Cm7/9   F7sus4
    Você me faz   descobrir   o dom de iluminar

Ebma7/A   Bbmaj7/D   Ebmaj7/Bb   Bbmaj7/D F Eb/G F/C
    Tudo que for sentir   deve durar

Ebmaj7/Bb   Bbmaj7/D Gm7/9   Bmaj7/F#   Cm7/9   D7
    De tanto a luz   expandir   aprender conhecer revelar

Ebmaj7/G Cm7/9   Bb/F   F/Eb   Bbmaj7/D
    Sim   princesa sou quem vai chegar

    Ebmaj7/A Cm7/9   Bb/F   Bbdim/F   Fadd9   F/Eb
    Na chuva   da montanha   vem se molhar

Ebmaj7/G Cm7/9   Bb/F   F/C   Bbmj7/D Ebmaj7/Bb Cm7/9 Bb/F
    Sempre   pra sempre sou por seu querer   estrela   cintilante

Bbdim/F   Fadd9   F/Eb
    vem me valer

Ebmaj7/Bb Bbmaj7/D Ebmaj7/Bb Bbmaj7/D F Eb/G F/C Ebmaj7/Bb
Bbmaj7/D Gm7/9 Bmaj7/F# Cm7/9 F7sus4

Ebmaj7/Bb   Bbmaj7/D   Ebmaj7/Bb   Bbmaj7/D F Eb/G F/C
    Vale dizer que sim   vale chorar

Ebmaj7/Bb   Bbmaj7/D Gm7/9   Bmaj7/F#   Cm7/9   D7
    De tanto o som   explodir   descobrir conhecer revelar

Ebmaj7/G Cm7/9   Bb/F   F/Eb   Bbmaj7/D
    Sim   princesa sou quem vem pedir

    Ebmaj7/A Cm7/9   Bb/F   Bbdim/F   Fadd9   F/Eb
    Me faz   arder em brasa   vem me acender

Ebmaj7/G Cm7/9   Bb/F   F/C   Bbmj7/D   Ebmaj7/Bb Cm7/9 Bb/F
    Chama   me chama sou por seu querer   estrela   cintilante

Bbdim/F   Fadd9 F7sus4 Ebmaj7/Bb
    vem me valer

Qualquer coisa a ver com o paraíso

Flávio Venturini e Milton Nascimento

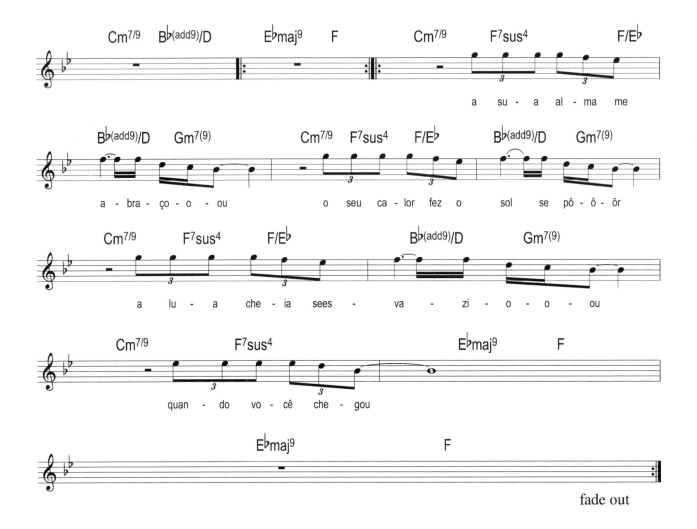

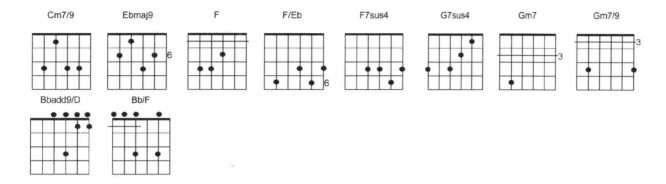

```
Ebmaj9  F

Bb/F F   Bbadd9/D Ebmaj9   Cm7/9           Bbadd9/D      Ebmaj9 F Ebmaj9 F
Vento    leva a    minha   voz e vê se encontra o meu amor

Bb/F F   Bbadd9/D Ebmaj9   Cm7/9           Bbadd9/D      Ebmaj9 F Ebmaj9 F
Nada   faz    sentido    nesse mundo sem o seu amor

          Cm7/9  F7sus4
Me sinto assim

            Bbadd9/D Ebmaj9  Cm7/9      Bbadd9/D Ebmaj9 F Ebmaj9 F
meio sem rumo          viajo no disco voador

          Cm7/9  F7sus4    Bbadd9/D     Ebmaj9 Cm7/9    Bbadd9/D
Te procurei         no oceano         e quase que eu me entrego

          Ebmaj9  F Ebmaj9  F
À solidão

Bb/F F   Bbadd9/D Ebmaj9   Cm7/9      Bbadd9/D       Ebmaj9 F Ebmaj9 F
 Voa     passarinho    voa até o céu mudar de cor

Bb/F F   Bbadd9/D Ebmaj9 Cm7/9         Bbadd9/D      Ebmaj9 F Ebmaj9 F
Nada   faz    sentido    nesse mundo sem o seu amor

          Gm7   G7sus4      Gm7  G7sus4     F    Ebmaj9 Bbadd9/D Cm7/9  F7sus4
Você passou       eu aprendi a       sonhar

          Gm7   G7sus4      Gm7  G7sus4    Ebmaj9 Bbadd9/D Cm7/9
Você me olhou    fez o deserto      chorar

  F7sus4           Bbadd9/D Gm7/9  Cm7/9  F7sus4    F/Eb     Bbadd9/D Gm7/9
     A sua alma me     abraçou         o seu calor fez o sol se pôr

Cm7/9  F7sus4     F/Eb     Bbadd9/D Gm7/9 Cm7/9  F7sus4           Ebmaj9  F
     A lua cheia se   esvaziou               quando você chegou

Ebmaj9 F Bb/F  F  Bbadd9/D Ebmaj9  Cm7/9 Bbadd9/D Ebmaj9  F  Ebmj9  F  Cm7/9 F7sus4
Bbadd9/D  Ebmaj9   Cm7/9  Bbadd9/D Ebmaj9  F  Ebmaj9   F  Cm7/9

  F7sus4       F/Eb     Bbadd9/D Gm7/9  Cm7/9  F7sus4    F/Eb     Bbadd9/D Gm7/9
     A sua alma me     abraçou         o seu calor fez o sol se  pôr

Cm7/9  F7sus4     F/Eb       Bbadd9/D Gm7/9 Cm7/9  F7sus4           Ebmaj9  F Cm7/9
     A lua cheia se   esvaziou               quando você chegou
```

Retiro da pedra

Flávio Venturini e Murilo Antunes

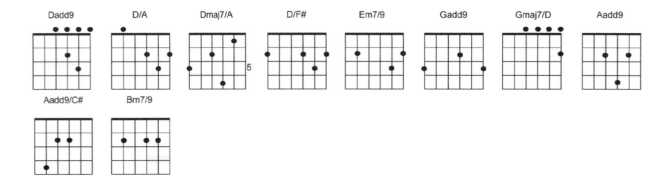

Dadd9 Gadd9 Aadd9 Bm7/9 Dmaj7/A Gadd9 Em7/9 D/A Aadd9

Dadd9 Gadd9   Aadd9   Bm7/9 Dmaj7/A   Gadd9
Vem   traz uma flor pra mim   brota no meu jardim

Em7/9   D/A   Aadd9
Faz o meu coração renascer

Dadd9 Gadd9   Aadd9   Bm7/9 Dmaj7/A   Gadd9
Vem   pela estrada   além   lá bem depois do sol

Em7/9   D/A   Aadd9 Gadd9
Onde se encontra a fonte do amor

Gadd9 Aadd9 Bm7/9 D/F#   Em7/9 Gmaj7/D   Aadd9/C#
 Nesse   lugar   pe.......dras   azuis

       Bm7/9 Dmaj7/A Gadd9   D/A   Aadd9   Gadd9
Ao luar   eu   me vi   dentro do seu olhar   sim

Gadd9 Aadd9   Bm7/9 D/F#   Em7/9   Gmaj7/D Aadd9/C#   Bm7/9
 Essa   canção   fiz pra   você   e pra mim

Dmaj7/A Gadd9   D/A   Aadd9
Mil   estrelas   na noite sem fim

Dadd9 Gadd9   Aadd9   Bm7/9 Dmaj7/A   Gadd9
Sei   que você vai chegar   e   tudo transformar

Em7/9   D/A   Aadd9
Toda tristeza perde a razão

Dadd9 Gadd9   Aadd9   Bm7/9 Dmaj7/A   Gadd9
Vou   junto ao seu   caminhar   sonhar a beira-mar

Em7/9   D/A Aadd9
  Mar de   montanhas

Dadd9 Gadd9 Aadd9 Bm7/9 Dmaj7/A Gadd9 Em7/9 Dadd9/A Aadd9 Gadd9

Retratos

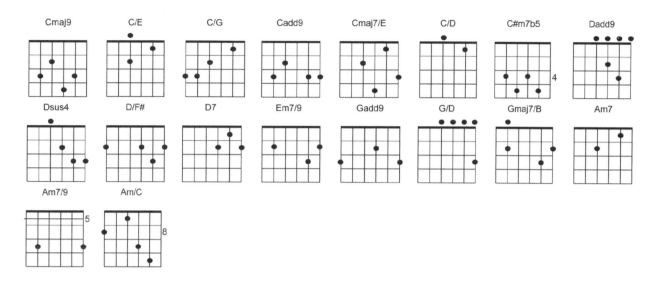

Cmaj9 Dadd9 Em7/9 Am7/9 C/G D/F# C/E C/D Cadd9 Gadd9 Am7 Gmaj7/B Cmaj9 D/F# Am7 G/D D7 C/G Gadd9

```
   Gadd9    Am7      Gmaj7/B     D/F#   C/E  G/D
A terra girando os sonhos que nos alegram

     Cmaj7/E   G/D  C#m7b5   Am/C  Dsus4    C/G  Gadd9
Retratos da vida            vida  que nos  leva

  Gadd9     Am7      Gmaj7/B  D/F#   C/E  G/D
A fúria dos ventos a rosa do pensamento

     Cmaj7/E   G/D  C#m7b5   Am/C Dsus4   C/G  Gadd9
Enquanto crianças          dormem ao relento

Gadd9    Am7     Gmaj7/B  Cadd9    D/F#              C/E   Gadd9
Passam janeiros as folhas do tempo desbotam as nossas lembranças

Gadd9    Am7     Gmaj7/B  Cadd9    D/F#              C/E  Gadd9
Uma   criança de olhar  esmeralda   avisa do       verde perdido

Gadd9  C/G        Am7  D/F#     G     C/E     D/F#
Carrossel de estrelas gira gira o moinho gira o luar

G            C/E  Am7      D/F# C/E  D/F#
Lança o nosso olhar   na clara manhã

G    C/E       Am7 D/F#      G   C/E     Am7    Dsus4  D7
Vai leva a nossa dor faz do nosso amor tesouro maior que    existe

    Gadd9   Am7     Gmaj7/B    D/F# C/E  G/D
A terra  girando  o sol que nos  ilumina

     Cmaj7/E    G/D  C#m7b5   Am/C D7sus4  C/G Gadd9
Passando  passando          retratos da    vida
```

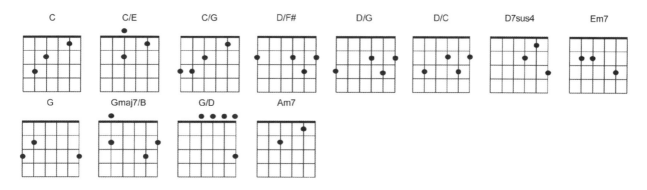

D/G C/G G D/G C/G G D/F# C/E G/D D7sus4 Gmaj7/B Em7 Am7 D7sus4
G C/G

G   C/G   D/G C/G   Am7   D/F# G   G   C/G   D/G C/G Am7 D/F#   G
Flores simples enfeitando a mesa do café   Lindas e pequenas arco-íris num buquê

     C   D/C Gmaj7/B Em7   Am7 D7sus4 G   C   D/C Gmaj7/B Em7   Am7   D7sus4 D/F# C/E D/F#
Mistério azul de luz e   Vênus brilha temporã   Mistura em nós um   só   destino estrela da manhã

G   C/G   D/G   C/G   Am7   D/F# G   G   C/G   D/G C/G Am7 D/F#   G
Como num romance um Deus risonho aqui passou Derramando   cachoeiras pela serra em flor

     C   D/C Gmaj7/B Em7   Am7 D7sus4 G   C   D/C Gmaj7/B Em7 Am7   C
Viver no coração da   lenda é fácil, meu amor   Um sonho novo todo   dia   que ninguém sonhou

D/C   Am7 D7sus4   G
Ô   ô ô ô   canção de amor

D/G C/G G D/G C/G G D/F# C/E G/D D7sus4 Gmaj7/B Em7 Am7 D7sus4
G C/G G C/G

G   C/G   D/G C/G   Am7   D/F# G   G   C/G   D/G   C/G Am7 D/F#   G
Cintilando na janela aberta pro luar   Luzes da cidade   refletidas num olhar

     C   D/C Gmaj7/B   Em7   Am7 D7sus4 G   C   D/C Gmaj7/B Em7   Am7   D7sus4 D/F# C/E D/F#
Constelações entre   as   antenas brincam de brilhar   Estrelas novas no horizonte vêm nos   visitar

G   C/G   D/G   C/G   Am7   D/F# G   G   C/G   D/G C/G Am7 D/F#   G
Como num romance um Deus risonho aqui passou Numa nave cor da noite que ninguém notou

     C   D/C Gmaj7/B Em7   Am7 D7sus4 G   C   D/C Gmaj7/B Em7   Am7   C
No coração da   fantasia   é fácil entender   Um sonho novo todo   dia   lindo de viver

D/C   Am7   D7sus4   G
Ô   ôôô eu   e   você

D/G C/G G D/G C/G G D/F# C/E G/D D7sus4 Gmaj7/B Em7 Am7 D7sus4 G
C/G G C/G

G   C/G   D/G   C/G   Am7   D/F# G   G   C/G   D/G   C/G   Am7   D/F#   G
Como num romance um Deus risonho aqui passou Numa nave cor da noite   que ninguém notou

     C   D/C Gmaj7/B Em7   Am7 D7sus4 G   C   D/C Gmaj7/B Em7   Am7   C
Viver no coração da   lenda é fácil, meu   amor   Um sonho novo todo   dia   que ninguém sonhou

D/C   Am7 D7sus4   G
Ô   ô ô ô   canção de amor

São Tomé

Flávio Venturini

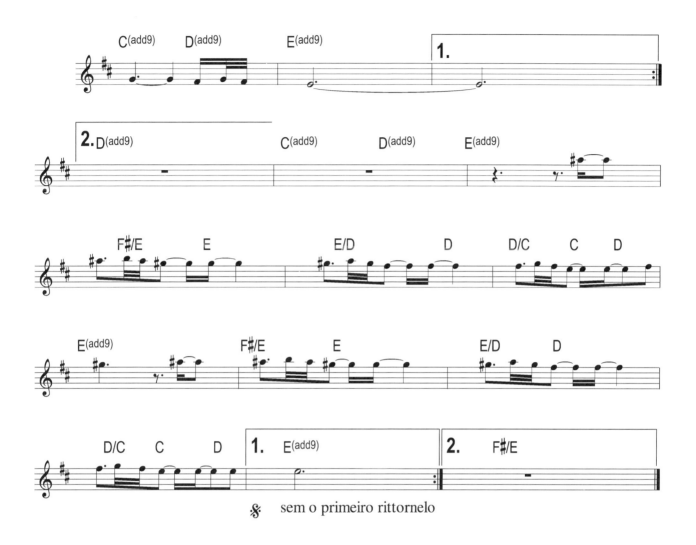

sem o primeiro rittornelo

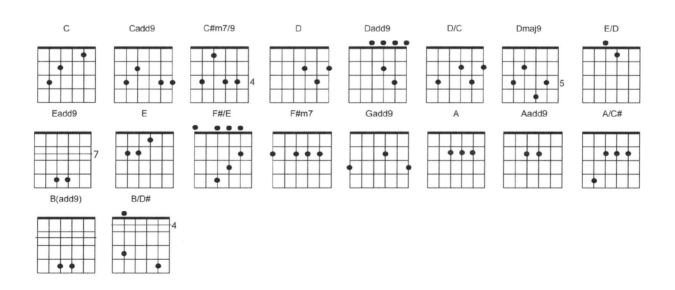

Sob o sol do Rio

Cláudio Faria

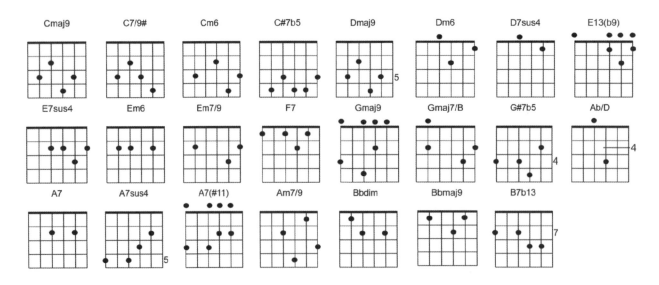

```
Dmaj9  Cmaj9  Bbmaj9  C7b9  Dmaj9  Dm6

Dmaj9              Bbmaj9              Gmaj9              Bbmaj9
Sabe lá aonde estará o amor além da linha do equador  ou sob o sol do Rio

Cmaj9                     Cm6  Gmaj7/B                E7sus4 E13b9
   Na poesia dos velhos carnavais        ou na beleza rara do Arpoador

A7sus4                          A7 A7sus4 A7(#11)
   Quem sabe nos olhos de quem sai do mar

D7sus4                    Ab/D        G#7b5
   dourando ao sol olhando o Cristo Redentor   que lindo

Gmaj9     Bbdim  Gmaj7/B  B7(b13)      Cmaj9      Cm6       Gmaj7/B
   Minha alma voa           e manda embora a tristeza do meu peito

  Bbdim        Am7/9         Cm6          Gmaj9  G7sus4  C#7b5
Estou no Rio de Janeiro terra de mar e amores sem fim

Cmaj9       Cm6       Gmaj7/B    Bbdim        Am7/9
E do fim de volta ao começo sabe lá onde estará o amor

     Cm6      F7      Gmaj9  F7     Gmaj9    Cm6      F7    Em7/9 Em6
Só sei que vou pro Rio   de Janeiro    cidade maravilhosa

Solo
Em7/9  Em6  Dmaj9  Bbmaj9  Gmaj9  Bbmaj9


Final
||: Em7/9  Em6  Em7/9  Em6 :|| 3x  Em7/9  Em6  Em7/9
```

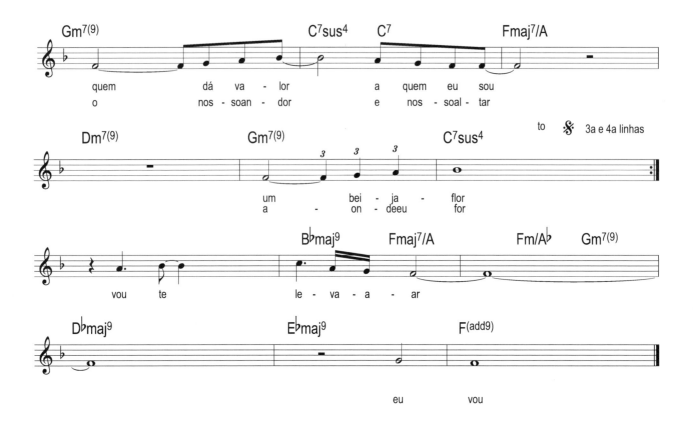

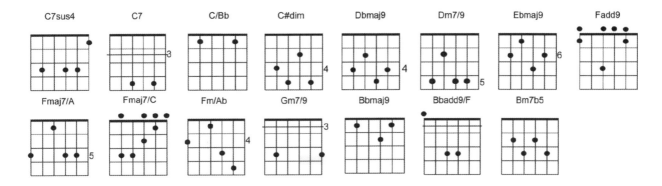

Dm7/9 Gm7/9 C7sus4 Fadd9 Bbadd9/F

Fadd9   Fmaj7/A   Bbmaj9   Fmaj7/C C7
Chama no coração   só a luz   a verdade

Fadd9   Fmaj7/A   Bbmaj9   Fmaj7/C C7   Bbmaj7/D
Depois responde a voz   da razão   que nos pede pra molhar

    C#dim   Fmaj7/C   Bm7b5
O deserto chão   bem devagar

Bbmaj9 Fmaj7/A Gm7/9 C   Fadd9   Fmaj7/A   C/Bb
  Pede a dor   pelo ar   para ser

Bbmaj9   Fmaj7/A Dm7/9   Gm7/9   C   Fadd9
Eternamente   responder   a quem mandou

Gm7/9   C7sus4 C7   Fmaj7/A Dm7/9 Gm7/9   C7sus4   C7   Fmaj7/A
Ouvir o   vento que falou   pra eu amar   quem me amou

Dm7/9   Gm7/9   C7sus4 C7   Fmaj7/A Dm7/9 Gm7/9   C7sus4
        Quem dá valor   a quem eu sou   um beija-flor

Fadd9   Fmaj7/A   Bbmaj9   Fmaj7/C C7
Paira no ar até quando vem   tempestade

Fadd9   Fmaj7/A   Bbmaj9   Fmaj7/C C7   Bbmaj7/D
Tira da flor seu doce poder   a vontade   o meu ser

    C#dim   Fmaj7/C   Bm7b5   Bbmaj9 Fmaj7/A Gm7/9 C   Fadd9
Só ficou melhor   depois de ver   que   valeu   se entregar

Fmaj7/A   C/Bb Bbmaj9 Fmaj7/A Dm7/9   Gm7/9   C7   Fadd9
  Condição   tão necessária   redundou   num só amor

Gm7/9   C7sus4 C7   Fmaj7/A Dm7/9 Gm7/9   C7sus4   C7   Fmaj7/A
Nos   aqueceu   num só calor   o nosso sol   interior

Dm7/9   Gm7/9   C7sus4 C7   Fmaj7/A Dm7/9 Gm7/9   C7sus4
        O nosso andor   e nosso altar   aonde eu   for

       Bbmaj9 Fmaj7/A Fm/Ab Gm7/9 Dbmaj9 Ebmaj9 Fadd9
vou te   levar

Solidão

Flávio Venturini e Murilo Antunes

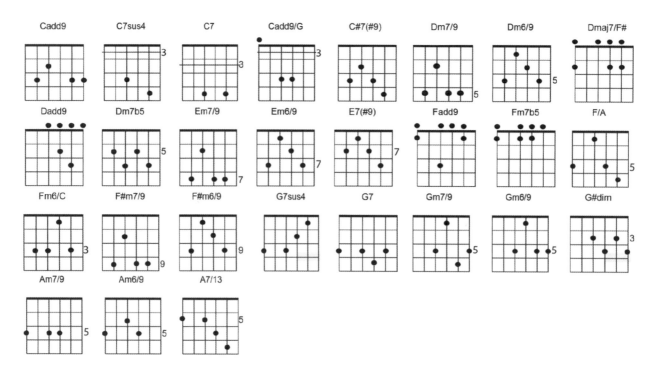

||: F#m7/9 F#m6/9 :|| Em7/9 Em6/9 Am7/9

C#7(#9) F#m7/9 F#m6/9   F#m7/9 F#m6/9
Tanto amei   teu amor

              Em7/9   Em6/9   Em7/9   A7/13
Te confesso desorientei   perdi noção

Dmaj7/F#   Fm7b5 Em7/9   A7/13
Louco e poeta que sou   não pude resistir

       Dadd9 Dm7b5 Em7/9   A7/13
Ao   vê-la   dizer adeus

Em7/9   Em6/9   Em7/9   A7/13
Solidão   solidão

              Dm7/9   Dm6/9   Dm7/9   G7/13
A noite de um só coração   luz negra luz

Dm7/9   G7sus4 G7   Cadd9
Fria chama voz que não diz sim   Ou não

E7(#9) ||: Am7/9 Am6/9 :|| Gm7/9 Gm6/9 Gm7/9 C7sus4 C7 F/A G#dim Gm7/9 C7sus4
Fadd9 Fm7b5 Gm7/9 C7sus4 C#7(#9)

F#m7/9 F#m6/9   F#m7/9 F#m6/9
Tanto amei   teu amor

              Em7/9   Em6/9   Em7/9   A7/13
Te confesso desorientei   perdi noção solidão

              Dm7/9   Dm6/9   Dm7/9   G7/13
A noite de um só coração   luz negra luz

Dm7/9   G7sus4 G7 Cadd9
Fria chama voz que não diz sim   ou não

       Fm6/C   Cadd9/G
A se arder de amor

Sonho de valsa

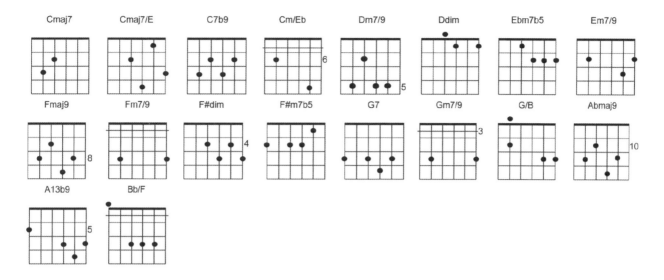

Cmaj7 Ebm7b5 Dm7/9 G7 Cmaj7/E Ebm7b5 Dm7/9 G7

    Cmaj7   Ebm7b5 Dm7/9   G7   Cmaj7/E   Ebm7b5 Dm7/9 G7
De longe vem você   e tudo a flutuar no azul da terra em   movimento

      Cmaj7   Ebm7b5   Dm7/9   G7   Cmaj7/E   Ebm7b5 Dm7/9 G7
Seu corpo contra o meu num giro pelo ar na tarde de silêncio a   valsar

  Bb/F Fmaj9   Abmaj9   Gm7/9 C7b9
Luar   a navegar   no ar   a navegar

     Fmaj9   Em7/9 A13b9   Dm7/9 G7   Gm7/9   C7b9
E tudo a te lembrar   de um baile de luz das horas de amor

      Fmaj9   F#m7b5   Cmaj7/G   F#dim
De um beijo sem querer de um resto de canção

     Dm7/9   G7   Gm7/9 C7b9   Fmaj9   F#m7b5
Cantava pra te alegrar   e tudo a flutuar

    Cmaj7/G   F#dim   Dm7/9   G7   Cm7/9
E tudo a te querer mais linda que um sonho meu

Solo
Cm/Eb Ddim G/B Cmaj7/E Ebm7b5 Dm7/9 G7 Cmaj7 Ebm7b5 Dm7/9 G7 Cmaj7/E Ebm7b5 Dm7/9 G7

Final
Fm7/9 Bb/F

Tarde solar

Flávio Venturini e Alexandre Blasifera

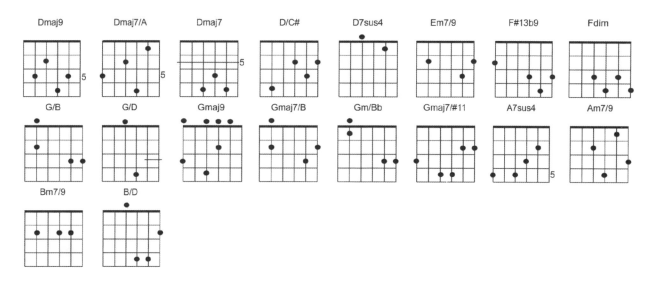

A7sus4 G/B G/D Em7/9 Bm7/9 D/C# Dmaj7 Dmaj7/F# A7sus4 G/B G/D Em7/9 Bm7/9
Bm79

```
      Gmaj9  F#13/b9    Bm7/9      Gmaj9  F#13/b9      Bm7/9
Acordei         um amor   num lugar              paraíso

      Gmaj9  F#13/b9    Bm7/9      Gmaj9  F#13/b9      Bm7/9
Pra você      me guardei    acordei         teu sorriso

      Gmaj9  F#13/b9    Bm7/9      Gmaj9  F#13/b9      Bm7/9
Me lembrei     de você       doce amor      armadilha

      Gmaj9  F#13/b9    Bm7/9      Gmaj9  F#13/b9      Bm7/9
Vendaval       invadiu   meu deserto     minha ilha

Em7/9              A7sus4            Dmaj9     Bm7/9
Paixão que vive em meu peito o amor que eu vivi    esperei

Em7/9              A7sus4            Dmaj9     Bm7/9
Quem sabe um dia   virás tão suave   como    as   marés

Em7/9              A7sus4            Dmaj9     Bm7/9
Eu e você somos       um paraíso  terrestre   no ar

Em7/9              A7sus4                F#13/b9  Bm7/9
Sem perceber eu te espero na tarde solar   solar    solar
```

Solo
||: Bm7/9 Gmaj9 F#13/b9 Bm7/9 :||

```
       Gmaj9    F#13/b9   Dmaj7/F#    Fdim
Na distância  o mar numa praia sem fim

       Em7/9  A7sus4   Dmaj9   D7sus4  B/D
Acordei       um amor te    amo

Gmaj9         F#13/b9   Dmaj7/F#  Fdim
Sinto o teu calor        navegar  em mim

Em7/9    A7sus4      Dmaj9    D7sus4 B/D
Olho o cais      o horizonte eu vi

Gmaj7/B      Gm/Bb      Dmaj7/A        Fdim
Doce como os beijos que ainda vou lhe dar

       Em7/9  A7sus4    Dmaj9  Am7/9  Dmaj9  Am7/9
É o amor        eu te amo          te amo
```

||: Dmaj9 Am7/9 :|| 4x Dmaj9 Gmaj7/#11

Todo azul do mar

Flávio Venturini e Ronaldo Bastos

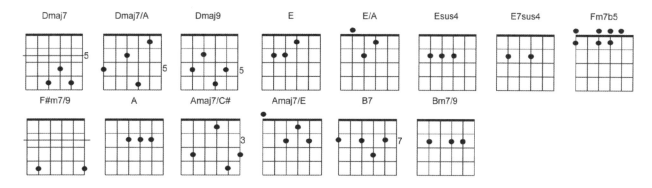

E/A   A   Dmaj7/A   F#m7/9
Foi assim   como ver o mar

Amj7/C#   Dmaj9   Amaj7/C#   Bm7/9   Esus4   E
A primeira vez   que meus   olhos   se viram no seu olhar

         E/A   A   Dmaj7/A   F#m7/9
Não tive a intenção   de me apaixonar

Amaj7/C#   Dmaj9   Amaj7/C#   Bm7/9   Esus4   E
Mera distração   e já era   momento de se gostar

Dmaj7   Amaj7/C#   Dmaj9   Amaj7/E
Quando eu dei por mim nem tentei fugir

    Bm7/9   Fm7b5   F#m7/9   B7   Esus4   E
Do visgo que me prendeu   dentro do seu olhar

Dmaj7   Amaj7/C#   Dmaj9   Amaj7/E
Quando eu mergulhei no azul do mar

    Bm7/9   Fm7b5   F#m9   B7   Esus4   E
Sabia que era amor   e vinha pra ficar

       E/A   A   Dmaj7/A   F#m7/9
Daria pra pintar todo azul do céu

Amaj7/C#   Dmaj9   Amaj7/C# Bm7/9   Esus4   E
Dava pra encher o universo da   vida que eu quis pra mim

Dmaj7 Amaj7/C#   Dmaj9   Amaj7/E Bm7/9   Fm7b5   F#m7/9   B7   Esus4   E
Tudo que eu fiz foi me confessar   escravo do seu amor   livre pra amar

Dmaj7   Amaj7/C#   Dmaj9   Amaj7/E
Quando eu mergulhei fundo nesse olhar

    Bm7/9   Fm7b5 F#m7/9   B7   Esus4   E
Fui dono do mar   azul de todo azul do mar

E/A   A   Dmaj7/A   F#m7/9 Dmaj7 E
Foi assim como ver o mar

       E/A   A   Dmaj7/A   Amaj7/C# Dmaj7 E
Foi a primeira vez que eu vi o mar

E/A   A   Dmaj7/A   F#m7/9 Dmaj7 E
Onda azul todo azul do mar

     E/A   A   Dmaj7/A   Amaj7/C# Dmaj7 E
Daria pra beber todo azul do mar

       E/A   A   Dmaj7/A   F#m7/9 Dmaj7 E
Foi quando mergulhei no azul do mar

Trator

Flávio Venturini e Fernando Brant

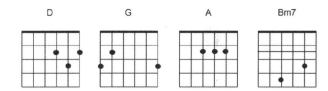

D A Bm7 G D A Bm7 G D

G D A Bm7 G D A D
Você me diz que sou igual ventania   você me diz que eu sou igual ao trator

G D A Bm7 G D A D
que puxa tira leva arrasta e move   tudo que encontro eu quero logo amassar

G D A Bm7 G D A D
o trator esmaga o sentimento   o amor não pode mais respirar

G D A Bm7 G D A D
por favor não quero o seu tormento por favor o que eu quero é amar

G D A Bm7 G D A D
Eu fui então buscar no meu dicionário   que o trator vem do latim atraire

G D A Bm7 G D A D
que a força que faz mover o meu mundo é cativar é seduzir encantar

G D A Bm7 G D A D
cativar sem fazer ninguém escravo   seduzir sem enganar ou mentir

G D A Bm7 G D A D
e querer descobrir a maravilha   encantar quem já é dona de mim

G D A Bm7 G D A Bm7
Sou é sem jeito esbarro no mundo o meu mal feito é querer acertar

G D A Bm7 G D A D
sou é poeta sou garimpeiro   mas o meu ouro eu não pude achar

G D A Bm7 G D A Bm7
sou pescador que sonha seu peixe eu sou um barco perdido no mar

G D A Bm7 G D A D
o meu caminho o meu desejo   é ser seu guia seu porto seu cais

Um violeiro

Flávio Venturini e Márcio Borges

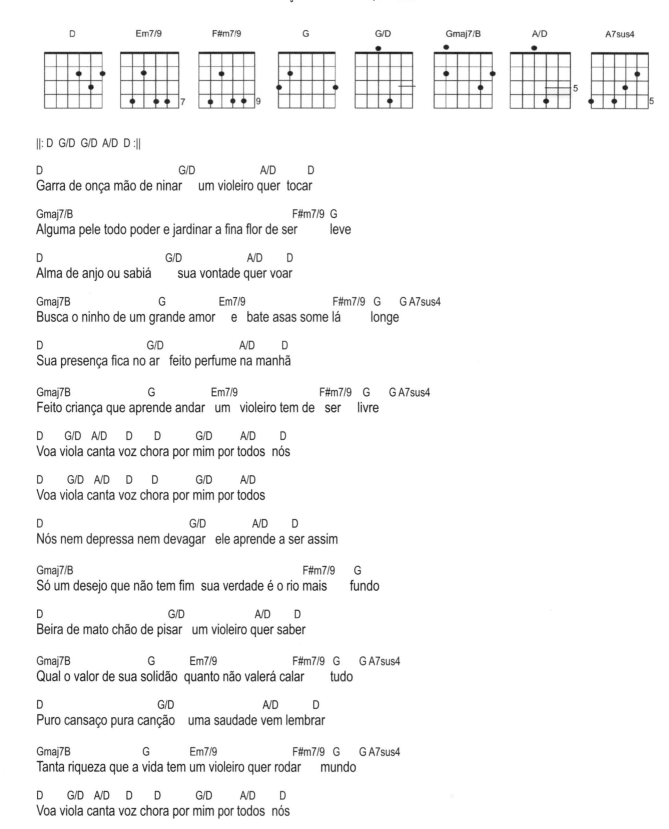

||: D G/D G/D A/D D :||

D   G/D   A/D   D
Garra de onça mão de ninar   um violeiro quer tocar

Gmaj7/B   F#m7/9 G
Alguma pele todo poder e jardinar a fina flor de ser   leve

D   G/D   A/D   D
Alma de anjo ou sabiá   sua vontade quer voar

Gmaj7B   G   Em7/9   F#m7/9 G   G A7sus4
Busca o ninho de um grande amor   e bate asas some lá   longe

D   G/D   A/D   D
Sua presença fica no ar   feito perfume na manhã

Gmaj7B   G   Em7/9   F#m7/9 G   G A7sus4
Feito criança que aprende andar   um violeiro tem de ser   livre

D   G/D A/D   D   D   G/D   A/D   D
Voa viola canta voz chora por mim por todos nós

D   G/D A/D   D   D   G/D   A/D
Voa viola canta voz chora por mim por todos

D   G/D   A/D   D
Nós nem depressa nem devagar   ele aprende a ser assim

Gmaj7/B   F#m7/9 G
Só um desejo que não tem fim sua verdade é o rio mais   fundo

D   G/D   A/D   D
Beira de mato chão de pisar   um violeiro quer saber

Gmaj7B   G   Em7/9   F#m7/9 G   G A7sus4
Qual o valor de sua solidão quanto não valerá calar   tudo

D   G/D   A/D   D
Puro cansaço pura canção   uma saudade vem lembrar

Gmaj7B   G   Em7/9   F#m7/9 G   G A7sus4
Tanta riqueza que a vida tem um violeiro quer rodar   mundo

D   G/D A/D   D   D   G/D   A/D   D
Voa viola canta voz chora por mim por todos nós

Conheça os outros Song Books lançados pela Neutra Editora

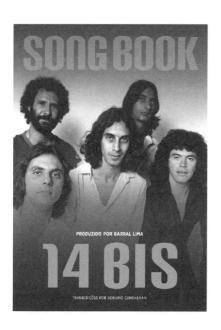
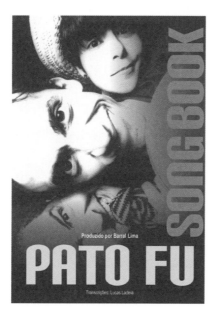
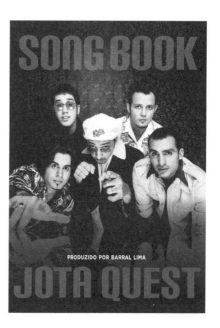

Informações e vendas: www.neutraeditora.com